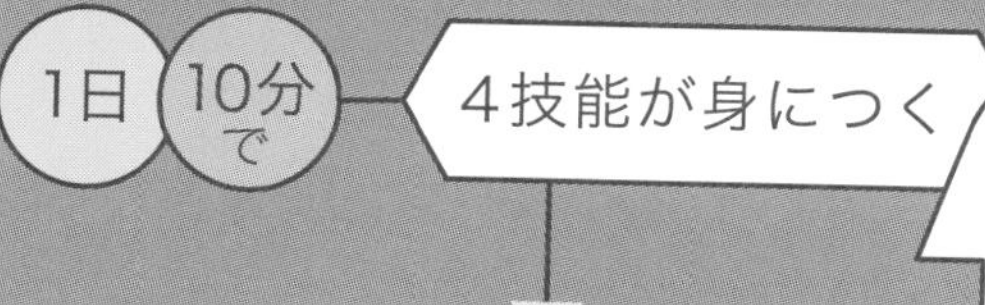

アルゴリズム音読

英検準2級レベル

鴨井智士
Kamoi Satosh

IBCパブリッシン

音声無料ダウンロード

本書の第3章「アルゴリズム音読」実践編の各ラウンドの音読用課題音声（MP3形式）を、下記URLとQRコードから無料でダウンロードすることができます。

www.ibcpub.co.jp/audio_dl/0629/

※PCや端末、アプリの操作・再生方法については、編集部ではお答えすることができません。製造・開発元にお問い合わせいただくか、インターネットの検索サービスなどでお調べください。

装幀 ――――――斉藤 啓（ブッダプロダクションズ）

本文デザイン――コン トヨコ

イラスト―――――よしだ ゆうこ

英文協力―――――朱明奈、David Otto

はじめに

▶本書の特徴と、既刊書との違い

本書は「アルゴリズム音読」という英語学習法の紹介、および「アルゴリズム音読」を用いたトレーニングの２部構成となっています。「アルゴリズム音読」は英語の語順感覚、および英文ストックを身につけるための非常に効率の良い学習方法です（英語の語順感覚、英文ストックについては本文をご参照ください）。

既刊の『アルゴリズム音読』との違いは、本書が英検準２級対策に特化している点です（前作の『アルゴリズム音読』は**基本的な文法の習得をより重視しています**ので、文法もしっかり身につけたいという方はぜひご購入ください）。

今回、実際に**英検の問題を作成している方**にご協力いただき、**英検の問題を作る時の基準に従って**、「アルゴリズム音読」のトレーニングを作成しました。英検準２級の長文セクション「大問４B」をベースに、「アルゴリズム音読」用に少し短い英文で構成しています。

本書のトレーニングで使っている英文は**英検の問題とほぼ同じ**と言っても過言ではありません。

「アルゴリズム音読」の英語学習法を身につければ、英検準２級レベルはもちろん、より高い英語力を身につけることができます。ぜひ本書の1ヵ月トレーニングを頑張ってみてください。

▶英検準２級合格を目指す意味

まずは自分自身に問いかけてみてください。英検準２級合格を何のために目指すのでしょうか。

一般的には、高校受験のため、大学受験のため、就職・転職のため、などかもしれません。「学校の先生に言われて」というのもあるかもしれません。社会人になってから、英語力を確認するためということもあるかもしれません。

現在、私は英検1級の合格者ですが、英検準2級を受験したのは28歳の時です。学生時代、英検を受験したことがなく、社会人になってから自分の英語力を伸ばすための指標として、英検を受験しました。

英検は学生だけのものではなく、社会人にもおすすめの英語の資格試験です。なぜなら、多くの都市で開催されており受験機会が多く、また、過去の問題が公開されているので、透明性が高いからです。

ここ数年で、4技能（読む、聞く、書く、話す）をバランス良く伸ばさなければ合格できなくなったこと、CSEスコアと呼ばれるスコア制になったこと、英検CBTと呼ばれるコンピューター上での受験が可能になったことなど、時代に合わせた改善点も多く見られます。

昔から日本人にとって一番なじみ深い英語資格試験である英検。その中でも英検準2級は**高校中級程度の英語力**と位置づけられ、英語学習者の一つの大きなハードルとなっています。大学受験でも英検準2級以上の合格が有効となってきています（もちろん受験する大学によっても異なります）。

ただ、一般的に就職や転職する際に履歴書に書いて有効なのは2級以上の合格実績と言われていますし、キャビンアテンダントなどへの応募要件も2級以上に合格となっている場合が多いので、その前段階として準2級に合格することには大きな意義があります。英検準2級を、ゴールではなく、「英語初心者」から「英語が使える人材」へ進む上での一つのステップと捉えてください。

▶英検準2級に合格するには

英検準2級に合格するには、まず英検準2級がどのような試験なのかを知る必要があります。

前述の通り、英検準2級の問題は「高校中級程度の英語力」を基準に作られています。つまり、中学校英語を一通り勉強し終わって、ある程度英語に慣れているレベルということになります。とはいえ、中学校英語を完全にマスターしていないと合格できないかというと、そうではありません。

英検準2級の満点スコアは、4技能それぞれが600点で、600×4技能

=2,400点満点です。1次試験の合格スコアはスピーキングを除く1,800点満点のうち1,322点（約73.4パーセント）となっており、技能ごとにバランス良く得点しなければ1,322点を上回ることができません（リーディングとリスニングが満点でも、もしライティングが0点だとすると、合計1,200点となり不合格）。

2次試験はスピーキングのみで、406点（約67.7パーセント）取れば合格です。

英検2020 1 day S-CBT（通称「英検S-CBT」、「英検1day」）というものもあります。これは1次試験、2次試験という区切りのない、4技能すべてを1日で受験する試験です。

さて、この点数を目指すためには何をすればよいのでしょうか。

英検準2級であろうと、それより上のレベルの試験であろうと**英語は英語**です。受験する級が上がれば、使用される単語のレベルが上がったり数が増えたりしますが、基本は同じです。

この「基本」というのは**「英語の文構造を意識した語順感覚」**です。本書ではこの「英語の文構造を意識した語順感覚」とは何なのか、そして、どうやってそれを最短時間で身につけるかについてお伝えいたします。

▶中学英語で十分！ ハイレベルを求めすぎていませんか？

私は英語に関する仕事をしているので、「鴨井さんは英語ができるんですか。いいですねー」とよく言われます。そのように言ってくれる方の話をよくよく聞いてみると、ずいぶんハイレベルな英語をイメージされていることに驚きます。

私は大学卒業後、ITの会社でネットワークエンジニアとして働いた後、一念発起して英語教師を目指しました。その後、高校で英語を教えてから退職し、海外法人で英語を使って仕事をしました。帰国後は再び英語を教えたり、英語の学習方法などをコンサルティングしたりする仕事をしています。また、英語のネイティブスピーカーと打ち合わせをする機会も多くあります。

毎日英語を使って仕事をしているにもかかわらず、私が使っている英語の9割が、実は「中学英語」です。それでもTOEICテストでは960点を取得し、英検1級に合格しました。つまり、日常的に英語を使うにしても、試験に合格したり高得点を取ったりするにしても、中学英語が身についていれば十分なのです。

本書では、1日10分で中学英語をしっかり身につけることができる約1ヵ月分のトレーニングを扱っています。いくら良いトレーニングであっても、続かなくては意味がありません。また、ダラダラと長い時間やっても効率が悪いだけです。そこで「1日10分！ 1ヵ月！」という点にこだわりました。

1日は24時間、1,440分もあります。そのうち10分使うことができれば、一生モノの英語力が身につくのです。10分という短時間であれば、誰でも、いつでも、どこでも実行可能ですよね。

「1日10分で一生モノの英語力が手に入る？ そんな虫のいい話はないだろう」と思う人もいるかもしれません。しかし、このトレーニングによって「英語の文構造を意識した語順感覚」を手にできます。詳しくは本文で述べていますが、この「英語の文構造を意識した語順感覚」を習得した時、「自分は英語ができる」と言えるほど、皆さんは自分の英語スキルの上達を実感することになります。

そのために本書が提唱するのが、「アルゴリズム音読」です。「アルゴリズム音読」では、「英語の文構造を意識した語順感覚」を身につけるために、手順をシンプルにし、ルーティンとして毎日実行できるようにプログラム化しました。何をどうしたらいいのだろう、と迷う必要はありません。ただ本書の手順通りに、集中して10分間「音読」してみてください。

1ヵ月間のトレーニングを終えた後には、必ず英語力の伸びを実感し、英語が好きになります。そして、もっと英語を勉強したくなります。ぜひ、一緒に頑張りましょう！

▶まずは1ヵ月、試してみよう

本書では英語学習に取り組みやすいよう、1日10分という短い時間と、1ヵ月という短い期間に限って試せるトレーニングプログラムを提供しています。

一般的に、何かのスキルを自由自在に使えるほど身につけるには、1万時間が必要だとされています。1日3時間取り組んだとして、約10年かかる計算です。

ですから、1日10分を1ヵ月続ければ英語を自由自在に使えるようになるとは言いません。しかし、1ヵ月たてば「アルゴリズム音読」の方法が身につき、身の回りにある英語教材を使って雪だるま式にどんどん英語力をアップしていくことができることだけは、お約束できます。まずは1ヵ月試してみませんか。

▶英語を短期間で身につけた私の経験

ここで、私自身の体験をお話ししましょう。

私は高校の英語教師でした。多くの教師は大学で教育系や語学系などの学部を卒業し、卒業と同時に教員免許を得て教師になりますが、私はぜんぜん違うルートで教師になりました。

2008年、リーマンショックの時期に私は失業し、職業安定所へ通っていました。職業安定所とは失業者が通う職探しのための機関です。それまではIT企業でネットワークエンジニアとして働いていましたが、一念発起し教師になりたいと考えたのです。

教員免許を持っていない私が教員になるために、その時点で方法として考えられたのは次の3つです。

❶ 通信制大学の普通課程に編入し英語の教員免許を取得（所要期間：約2年）

免許取得に関わる単位をほぼ丸々取得しなければならないが、通信制なので一部のスクーリング科目の受講以外は通学しなくてよい。大学では理系の分野を専攻していたが、当時、通信課程では理科の教員免許は取れなかったため、英語など別の科目へ方向転換する必要があった。

❷ 大学の科目履修生として理科の教員免許に関する単位を習得し、免許を取得（所要期間：1〜2年）

必要な単位数は少ないが、大学に通学する必要があるため、時間的制約が大きい。

❸ 特別免許を取得（所要期間：最短で1年）

必要な条件はいくつかあるが、最短1年で教員になれる。英語の資格取得が最大のヤマ場。

この３つのパターンを比較したところ、❷は大学に通う必要があるため、金銭的、時間的に難しいと考えました。狙うのは❸ですが、うまくいくとは限らないので、保険として❶も併用しました。つまり、京都にある佛教大学の通信課程に入学して、英語の教員免許取得のための単位をそろえながら、特別免許の取得準備を始めたのです。

特別免許とは、大学などで教員免許を取得していなくても、教育委員会から必要な人材であると認められた場合に与えられる免許です。私が当時住んでいた青森県には、一定の英語の資格と５年以上の社会人経験があれば教員採用試験を受験でき、合格すれば特別免許を交付してもらえる制度があるのです。

この制度で求められる英語の資格は、私が受験した年の特別選考では、TOEIC テスト860点、英検1級、TOEFL テスト（iBT）100点の３つのうちいずれかでした。英語の資格をよくご存じの方であれば分かると思うのですが、この３つの中ではTOEIC テスト860点が断然取得しやすいのです。そこで、これに絞ることにしました。

その時点で私は、TOEICスコア700点を持っていましたが、このスコアを獲得したのは７年前。その後はほとんど英語を勉強していなかったので、このスコアよりも実力が下がっていることは間違いありませんでした。

しかし、特別選考の締め切りまでにスコアを準備できていないといけません。残された期間は約３ヵ月でした。

この３ヵ月、私は猛勉強を重ねました。すると、資格で要求されるスコア基準をはるかに上回る960点を取ることができました。その結果、教員採用試験に合格し、晴れて高校の英語教師になることができたのです。

この経験を生かして、「アルゴリズム音読」という英語勉強法を体系化しました。青森県での教員職は家庭の事情で退職しましたが、その後、他県で再度、教員採用試験に合格。しかし、一般の人にも「アルゴリズム音読」をもっと普及させたいという気持ちを優先し、教員採用試験の合格を辞退しました。現在は２つの会社を経営しつつ、英語学習コンサルタントをしています。

もくじ

第1章

「アルゴリズム音読」とは

アルゴリズムとは「ルールと手順を決めて処理する」こと

「アルゴリズム」という言葉をご存じですか。NHK Eテレの『ピタゴラスイッチ』には「アルゴリズム体操」や「アルゴリズム行進」というコーナーがあります。ですから、「アルゴリズム」という言葉を聞いたことはあるけれども、意味はよく分からないという人もいるかもしれません。

「アルゴリズム」は、IT業界ではよく使われる言葉です。「ASCII.jpデジタル用語辞典」の解説にはこう記されています。

> 問題を解決するための方法や手順のこと。
> 問題解決の手続きを一般化するもので、
> プログラミングを作成する基礎となる。

つまり、本書では英語の学習を「問題」として取り上げ、そこで発生する問題解決の手続きを一般化しています。英語を学ぶ上で音読は効果が非常に高いため、音読を中心とした英語勉強法として、問題解決の手続きをまとめました。そのような理由から「アルゴリズム音読」という言葉が生まれたのです。

英語は語順がすべて

日本語を母語とする私たちにとって、普段使っている日本語と、これから学んでいこうとしている英語とでは、決定的に異なる点があります。「英語は語順の言語である」という点です。

日本語は、「助詞」という便利な接着剤があるため、単語をどのような順番で持ってきても（若干不自然になることもありますが）、基本的に意味が通じます。例えば、次の5つの文を見てみましょう。

私は、彼のことが好きです。
彼のことが、私は好きです。
私は好きです、彼のことが。
好きです、私は彼のことが。

彼のことが好きです、私は。

語順はさまざまですが、全部同じ意味になりますよね。しかし、英語では語の順序が決まっています。「私は、彼のことが好きです」とするには次のようにしなければなりません。

I like him.

これを、語順を変えていくつか書いてみましょう。

Him like I.
Like him I.
He likes me.

最初と2つ目は文として意味をなしませんし、3つ目は「彼は、私のことが好きです」と、意味が変わってしまいます。つまり、英語という言語は「順番」を最重要視するのです。

上に挙げたI like him.は3つの単語からなっているのでまだ分かりやすい方です。次の文はどうでしょうか。

The man standing over there is our English teacher.

この文の意味をとるには、「英語の文構造を意識した語順感覚」が身についていなければ難しいですし、このような文を発信することはさらに厳しいでしょう。しかし、逆に言うならば、「英語の文構造を意識した語順感覚」が身につけば、あとは単語力を強化するだけで、かなりハイレベルな英語に到達することができるのです。

英語には4技能があると言われています。これは、「リーディング」(読むこと)、「リスニング」(聞くこと)、「ライティング」(書くこと)、そして「スピーキング」(話すこと)の4つの技能のことを指します。これら4技能はそれぞれ独立しているのではなく、「英語の文構造を意識した語順感覚」というところで相互につながっています。つまり、「英語の文構造を意識した語順感覚」をしっかり身につけると、4技能の基礎力が上がるのです。

主語、動詞、目的語、補語とは？

「英語は語順がすべて」とお伝えしました。語順で大事になってくるのが主語、動詞、目的語、補語と呼ばれる４つの要素です。この４つの要素の並び方が大事なのですが、そもそもこの４つはどのようなものなのでしょうか。

❶ 主語（Subject）

1つの文に必ず含まれる要素です（命令文を除く）。1つの文の基本的構成は「○が～する」です。「○が」が主語です。例えば、I go.（私が行く）という文であれば、I（私が）が主語です。人間であれば、「誰が」、物であれば「何が」ですね。

主語のことを英語ではSubjectと言いますので、省略して「S」と示されることがあります。

❷ 動詞（Verb）

こちらも1つの文に必ず含まれる要素です。「○が～する」の「～する」にあたる部分です。例えば、I go.（私が行く）という文であれば、go（行く）が動詞です。

動詞にはいろいろと分け方があります。人間も「男性」「女性」と性別、「日本人」「アメリカ人」と国籍、「30歳未満」「30歳以上」と年齢など、さまざまな分類をすることができますよね。動詞もいろいろな切り口で分けることができます。

初めに知っておいてほしいのが、「be動詞」と「一般動詞」という分け方です。「be動詞」はbe、is、am、are、was、were、beenの７種類、「一般動詞」はbe動詞を除いた動詞です。

次に知っておいてほしいのが、「自動詞」と「他動詞」。なんとなく聞いたことがあるという人も多いでしょう。また、これらの違いをしっかり理解できていない人も多いでしょう。私自身、高校３年生まで「自動詞」「他動詞」を知りませんでした（学校の授業では習っていたはずですが……）。しっかり理解できたのは30歳ぐらいになってからのことです。

自動詞とは、「目的語」を伴わない動詞で、他動詞とは、「目的語」を伴う動詞です。

？？となりそうですね。

1つの文には必ず動詞があります。動詞が「自動詞」であれば、その文には絶対に「目的語」という要素がありません。逆に言うと「目的語」がない文の動詞は「自動詞」です。

例えば、I go.（私が行く）であれば、Iが主語、goが動詞。次のピリオドで文が終わっているこの文には、主語と動詞しかありませんので、この文の動詞は自動詞です。

「この動詞は自動詞で、この動詞は他動詞だ」ときっちり線を引くことができないのも英語学習の難しいところです。動詞によっては、「自動詞の時もあれば、他動詞として働く時もある」ものもありますし、「他動詞だが、目的語が1つの時もあれば、2つの時もある」ものもあります。ここでは、そういう区別があるのだということを分かっておいてもらえれば結構です。

動詞のことを英語ではVerbと言いますので、省略して「V」と示されることがあります。

❸ 目的語（Object）

目的語は、「主語は～を…する」の「～を」にあたる部分です。例えば、I love you.（私はあなたを愛している）であれば、you（あなたを）の部分が目的語です。

主語や動詞と違って、1つの文に必ず目的語があるとは限りません。先ほど動詞の「自動詞」「他動詞」で説明したとおり、その文の動詞が「自動詞」であれば目的語はありませんし、「他動詞」であれば必ず目的語が存在します。

ややこしいことに、動詞によっては目的語を2つ伴う場合もあります。

I give you chocolate.（私はあなたにチョコレートをあげる）であれば、youとchocolateのどちらも目的語です。

目的語のことを英語ではObjectと言いますので、省略して「O」と示されることがあります。

❹ 補語（Complement）

補語は、「主語は～である」の「～で」にあたる部分です。つまり、主語（または目的語）が何なのか、もしくはどのような状態なのかを説明する語です。「補語」という文字が示している通り、「補う語（言葉）」なのです。I am happy.（私は幸せである）という文であれば、happy（幸せな）が補語です。

文の動詞によっては、目的語のあとに補語がくる場合もあります。I found English interesting.（私は英語が楽しいことが分かった）という文であれば、English が目的語で、interesting が補語です。

補語のことを英語では Complement と言いますので、省略して「C」と示されることがあります。

少し文法的でややこしい内容になってしまいましたが、この部分をしっかり理解できるとより英語が深く身につきます。説明は最小限に絞ってみましたので、アルゴリズム音読を実践しながら何度もここに戻り、読み返して理解してください。

「聞き流すだけでOK」はウソ

「アルゴリズム音読」では、音読を通じて英語感覚を身につけていくプロセスをとります。なぜ「音読」なのかという点を、いくつかの視点からお伝えしましょう。

何かのCMで「（英語は）聞き流すだけでOK」というのを目にしたことがある人もいるかもしれません。この「聞き流すだけ」というのは、音として発声しないということを意味します。つまり、発音練習をしません。英語には日本語にない発音がいくつかありますが、その練習をせずに発音できるようになることなどはありません。

赤ちゃんが言葉をしゃべれるようになる過程を考えてみてください。生まれていきなり話し出す赤ちゃんはいませんね。まずは、親や周りの人の言葉を聞き続けます。数ヵ月間、泣き声以外は何も発することなく、ただひたすら聞き続けます。

その後、「あー」とか「うー」とか発するようになり、1歳を過ぎる頃から「まんま」など、意味のある言葉を発し始めるようになります。そして、だんだん発する音が日本語らしくなって、徐々に長い文をしゃべるようになるのです。

では、赤ちゃんと同じように1年間聞き続けたらいいじゃないか、そうすれば自然に英語が口から出てくるようになるではないか、と思われるかもしれません。しかし残念ながら、英語の勉強を赤ちゃんが母語を学ぶように進めていっても、まず使えるようにはなりません。なぜなら、赤ちゃんが母語に触れる時間と、私たちが英語の勉強に充てる時間には圧倒的な差があるからです。

では、どうすればよいのでしょうか。それは、赤ちゃんが「聞き流すだけ」に充てていたステップを飛ばして、いきなり「音読」から入ればよいのです。赤ちゃんは生まれた時から発声方法が分かっているわけではなく、声帯ができ上がっているわけでもありません。だから「音読」からスタートすることができないだけです。その一方、私たちは「音読」からスタートすることができます。限られた時間で英語を伸ばすためには、聞き流すのではなく、積極的に「音読」を進めていくべきなのです。

音読は脳を活性化させる

人が何か物事を学ぶ時、必ず使うものが「脳」です。運動をする時でも「脳」を使いますし、歌の練習をする時でも「脳」を使います。英語学習についてももちろん「脳」を使います。では、「脳」を効率よく働かせるにはどうしたらよいのでしょうか。

ズバリ、音読をすることです。

何かを学ぼうとする時、刺激が多ければ多いほど脳に深く刻み込まれます。ただ文字を眺めているだけだと視覚しか使いません。これでは刺激が少ないのですが、音読をすると、発声をする刺激だけでなく、自分が発した音が耳からも入ってくるので、３重の刺激となります。

もっと言えば、手でその文字を書きながら発声すると、４重の刺激になって脳を一番活性化させることができます。文字を書くとどうしても処理速度が下がり時間がかかってしまいますが、必要に応じて実践してみましょう。

ともあれ、限られた時間を効率よく使うという意味では、「音読」が一番よいのです。

カタマリで理解する

英語を一単語ずつ理解しようとすると、流れが分からなくなり、時間がかかります。逆に一文を一気に理解しようとするのはハイレベルです。そこで、適度な長さに区切った「カタマリ」で理解することが英語上達への近道です。

では、「カタマリ」とはどのような単位なのでしょうか。これは人によって違いますし、文によっても「適当な長さ」が異なってきます。この「カタマリ」の感覚を養ってもらうためにも、本書では / (スラッシュ) で文をカタマリに区切っています。スラッシュの入れ方に明確なルールはありませんが、おおむね次のところで区切るのが一般的です。

- ▶不定詞の前
- ▶動名詞の前
- ▶関係詞 (関係代名詞など) の前
- ▶前置詞の前
- ▶接続詞や疑問詞の前
- ▶コンマ (,) の前
- ▶that 節の前
- ▶長めの主語の後
- ▶長めの目的語の前

しかし、これらをすべて覚えるのは大変です。さらに、ルールを思い出しながらスラッシュを引いてカタマリに分けていこうとすると、時間がかかってしかたがありません。ですので、ルールを覚えるというより、カタマリの感覚を養っていきましょう。また、読む速度が上がってきたら少しずつスラッシュの数を減らしていき、カタマリを大きくしていきます。

例を見てみましょう。

Online shopping is a form of electronic commerce, which allows consumers to directly buy goods or services from a seller over the Internet using a web browser. Consumers who find products of interest by visiting the websites of retailers is known as an online shopper.

この文にスラッシュを入れていきます。

Online shopping is a form / of electronic commerce, / which allows consumers / to directly buy goods / or services / from a seller / over the Internet / using a web browser. // Consumers / who find products / of interest / by visiting the websites / of retailers / is known / as an online shopper. //

これはかなり細かくスラッシュを入れてカタマリを作ったパターンです。細かすぎると流れがつかみにくくなってしまいますが、初めはこれくらい細かくてもよいかもしれません。慣れるに従って、次くらいのカタマリになるようスラッシュを減らしていくとよいでしょう。

Online shopping is a form of electronic commerce, / which allows consumers / to directly buy goods or services / from a seller over the Internet / using a web browser. // Consumers / who find products of interest by visiting the websites of retailers / is known as an online shopper. //

前から理解する

続いて、区切ったカタマリをどのように理解していくかを記します。

私自身、中学校の時は、「英文は後ろから読め」と言われて実践してきました。ただ、これでは全体の流れがつかみづらいですし、後ろから読んでもう一度文頭から読み直すため、時間がかかります。そこで、カタマリごとに前から理解していくことをおすすめします。

先ほどの例を見てみましょう。

Online shopping is a form / of electronic commerce, / which allows consumers / to directly buy goods / or services / from a seller / over the Internet / using a web browser. // Consumers / who find products / of interest / by visiting the websites / of retailers / is known / as an online shopper. //

これをカタマリごとに訳してみます。

Online shopping is a form /	オンラインショッピングは一形態です
of electronic commerce, /	電子商取引の
which allows consumers /	そしてそれは消費者に～を許します
to directly buy goods /	直接商品を購入すること
or services /	もしくはサービスを
from a seller /	販売者から
over the Internet /	インターネット経由で
using a web browser. //	ウェブブラウザを使って
Consumers /	消費者は

who find products /	商品を見つける
of interest /	関心のある
by visiting the websites /	そのウェブサイトを訪れることによって
of retailers /	小売業者の
is known /	知られています。
as an online shopper. //	オンラインショッパーとして

これは区切りの細かい文なので、少し流れがつかみにくいかもしれません。区切りを大きくしたパターンも見てみましょう。

Online shopping is a form of electronic commerce, /	オンラインショッピングは電子商取引の一形態です
which allows consumers /	そしてそれは消費者に〜を許します
to directly buy goods or services /	直接商品やサービスを購入すること
from a seller over the Internet /	インターネット経由で販売者から
using a web browser. //	ウェブブラウザを使って
Consumers /	消費者は
who find products of interest by visiting the websites of retailers /	小売業者のWebサイトにアクセスして関心のある製品を見つける、
is known as an online shopper. //	オンラインショッパーとして知られています。

この訳をそのまま日本語として理解しようとすると違和感があるかもしれませんが、違和感を飲み込んで自分のものにできるようになると、英語の理解度がぐっと高まります。

文法は、まず中学校卒業程度で十分

私は、中学校の1学期の授業で初めてアルファベットを習いました。その後、高校、大学と進学し、卒業後も独学で英語学習を続けました。英語が使えるようになって後々気づいたのですが、高校や大学で習った英文法はほぼ使いません。と言いますか、中学校で習った英文法をしっかり理解しておけば9割以上のことに間に合います。

「残り1割にもこだわってしっかり英語を完璧なものにするんだ！」という人は時間をかけてくれていいですし、そこに含まれる大事な文法もあります。しかし、ここでこだわるよりも、英語で文を読む、話す、聞く、書くスピードを上げた方が絶対にいいですし、楽しいのです。

ただし、ある程度スキルが上がったら、高校英文法の「仮定法」は理解しておいたほうがよいでしょう。頻出しますし、これが分かっていないと文の意味を取り違えてしまいかねません。

ちなみに、英単語も同様です。英語の文を「読む」場合には少し物足りないかもしれませんが、「聞く・書く・話す」に関しては中学校レベルの単語で十分です。まずは中学校レベルの単語を使いこなせるようにしましょう。

既刊の『アルゴリズム音読』では、中学英文法のうち、8つの基本的な文法事項（時制、受動態、疑問文・否定文、助動詞、動名詞、不定詞、分詞、関係詞）を盛り込んだトレーニングプログラムを紹介しています。もし文法を重点的にトレーニングしたいという場合には、ぜひ『アルゴリズム音読』もお試しください。

英文ストック

自分の中に英文のストックを作りましょう。ストックとは、「在庫」や「蓄積」や「容器」という意味です。短くてもよいので、できるだけ多くの英語の例文を体に染み込ませましょう。

私たちが日本語を身につけてきたプロセスを考えてみてください。生まれたての子どもは、いきなり言葉をすらすら話したりしませんよね。まずは親が話しかけると、子どもは少しずつそのまねをします。その後、親だけでなく保育園、幼稚園の先生や友だちなどと接していくうちに日本語の文が少しずつ蓄積されていき、その単語や組み合わせを使って日本語が話せるようになっていくわけです。

「私は子どもです」という日本語のストックができれば、「私は大人です」と言い換えるのは難しいことではありません。「私は子どもでした」もすぐにできるようになるでしょう。さらに、「私が子どもだったころ、よく外で遊びました」という組み合わせもできるでしょう。

日本語に限らず、英語や他の言語でも同じです。まずは基本となる文を蓄積し、そのストックを少しずつ増やします。そのストックの組み合わせで文章が成り立っていくのです。いかに多くの英文ストックを持っているか、これが英語能力を左右すると考えてください。

インプット ⇨ アウトプット

学習はすべてインプットから始まります。大量のインプットを行うことで、アウトプットにつながります。英語学習で言うインプットとは、「読む、聞く」です。そして単語を覚えることや英文を頭に入れることもインプットです。

しかし、英語は言語です。コミュニケーションや情報の伝達手段です。アウトプットのないインプットは意味がありません。そこでインプットする時には、必ずアウトプットを意識してください。

英語学習で言うアウトプットとは、「書く、話す」です。アウトプットにつながるインプットをするとは、こういうことです。例えば、せっかく単語を覚えるのであれば、英文ストックを意識して、英文とともにインプットしましょう。さらに、その英文を音読し、アウトプットしてください。いつ使うか分からない単語をいくら覚えてもしかたありません。よほどインパクトがあるものでなければすぐに忘れてしまいます。

英文の音読はインプットとアウトプットが同時にできる素晴らしい方法です。そして英語を使う時、できるだけその英文ストックを使うようにしてください。日記を書くのもよし、外国人とチャットをするのもよし。アウトプットを意識した大量のインプット、これが英語学習の奥義です。

エビングハウスの忘却曲線――人間は忘れる生き物である

エビングハウスの忘却曲線というものをご存じでしょうか。エビングハウスとは心理学者の名前です。

彼はある実験を行いました。この実験で分かったことが次の２点です。

▶人は忘れる生き物である。
▶あるタイミングで復習すると、忘れる度合いが下がる。

要は、1回で物事を覚えられる人はいないし、復習すると覚えられる、ということです。「私、単語が覚えられないんです」とか、「物覚えが悪いんです」という人は多いと思います。私もその1人です。人の名前などぜんぜん覚えられませんし、よく物事を忘れます。

ただし英語学習に関して言うと、このエビングハウスの忘却曲線を意識したので、しっかりと身につきました（人の名前や、他のこともエビングハウスの忘却曲線を意識して覚えたらいいのですが……笑）。

さて、エビングハウスの忘却曲線とは何なのでしょうか。忘却とは忘れるという意味、曲線はその名のとおり、曲がった線です。ここで実験の話に戻りますが、実験の内容に興味がなく、考え方だけを知りたいという人は、ここを飛ばしてグラフの後から読んでください。

エビングハウスは、無意味な単語を一旦記憶し、一定時間後にどのくらい覚えているかの割合を調べてこの曲線を導きました。結果が以下の図です。

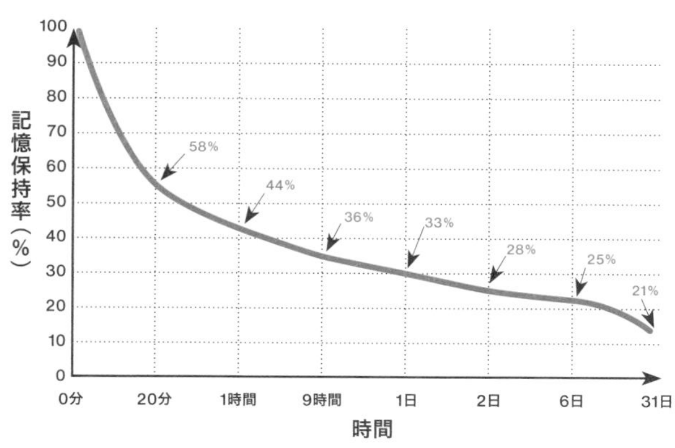

20分後の記憶保持率	58%（＝42%忘却）
1時間後の記憶保持率	44%（＝56%忘却）
9時間後の記憶保持率	36%（＝64%忘却）
1日後の記憶保持率	33%（＝67%忘却）
2日後の記憶保持率	28%（＝72%忘却）
6日後の記憶保持率	25%（＝75%忘却）
1ヵ月後の記憶保持率	21%（＝79%忘却）

記憶保持率とは、ここでは覚えていた率と考えましょう。100パーセントから記憶保持率を差し引いた数値が、忘れた割合ということになります。

この曲線を見ると分かるように、単語を記憶した直後から急に記憶の定着率が下がっていきます。そして時間がたつと定着率の下がり具合が緩やかになっていきます。ともかく、何かを覚えても1日たてば3分の2、2日たてば4分の3が失われてしまうのです。どうすればよいのでしょうか。

ヒントとなるのは、エビングハウスが行ったもう一つの実験です。エビングハウスはこの定着率の下がり具合を見て、別の実験を行いました。その実験とは、一度覚えた単語を1日ごとに復習するというものです。

結果はどうなったでしょうか。グラフをご覧ください。

忘却曲線

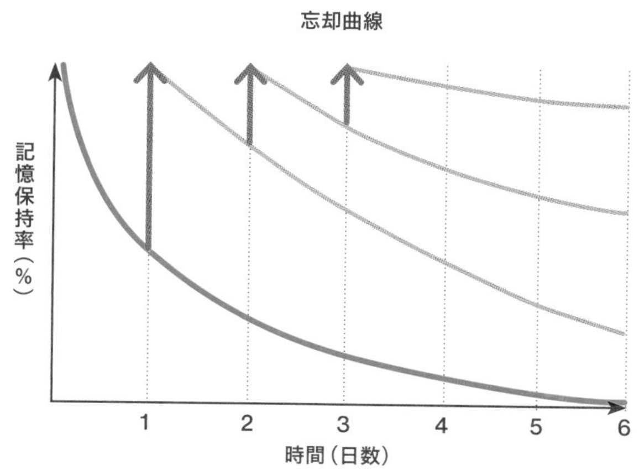

赤い線は、一度覚えてそのままにした場合の定着率です。1日後に復習すると、初日と同じように定着率が100パーセントに戻りますが、それも2日目にはまた定着率が下がっていきます。そこで、2日目にも再度復習して100パーセントまで持っていきます。

こうして同じ動きをくり返すと、初日の赤い線のように「急激に定着率が下がる」のではなく、定着率の下がり具合が改善されることになります。つまり、適切なタイミングで復習すれば、記憶が失われる度合いを示すカーブが緩やかになり、記憶定着率が上がるのです。

皆さんも子どもの頃から、「復習が大事」と言われ続けてきていると思います。なぜ大事なのか、どのようなタイミングで復習すればよいのかということを理論的に知って、ぜひ復習の方法を身につけてください。

第2章

「アルゴリズム音読」の4方法

では、具体的に「アルゴリズム音読」の方法をお伝えします。アルゴリズム音読では、1つの英語の文章を1日5分×2回音読します。同じ文章を4日間連続で用いますが、音読する方法は4種類あります。

この本の第3章で、8つの英文を用意しました。4日間×8つの文章で合計32日間、つまり約1ヵ月で完成するプログラムです。詳しくは第3章でお伝えしますが、全体像は次の図のようになります。

アルゴリズム音読のイメージ

5分音読A	10〜20分休憩（オプションコンテンツ1A＋1B）	5分音読B
5分音読A	10〜20分休憩（オプションコンテンツ2）	5分音読B
5分音読C	10〜20分休憩（オプションコンテンツ3）	5分音読D1
5分音読C	10〜20分休憩（オプションコンテンツ4）	5分音読D2

× 8ラウンド＝32日（約1ヵ月）

毎日「**5分音読**」を2回行います。1回目と2回目の間には休憩を入れ、この間に「**オプションコンテンツ**」に取り組みます。これが「アルゴリズム音読」の手順、つまり「アルゴリズム」です。「**5分音読A〜D1／D2**」は「アルゴリズム音読」のコアとなるトレーニングを、「**オプションコンテンツ1A／1B〜4**」は音読以外のプラスの取り組みを指します。具体的にはこの章の後段や第3章で詳しく説明していきますので、ここでは概要のみ記します。

▶ **5分音読A**　**まねして音読（リピーティング）**

▶ **5分音読B**　**見上げて音読（リード・アンド・ルックアップ）**

▶ **5分音読C**　**追っかけ音読（シャドーイング）**

▶ **5分音読D1**　**瞬訳音読（英語から日本語への瞬間和訳）**

▶ **5分音読D2**　**瞬訳音読（日本語から英語への瞬間英作文）**

（D1・D2：5分音読D）

▶ **オプションコンテンツ1A** **英文全訳とフレーズ対応訳**

▶ **オプションコンテンツ1B** **単熟語リスト**

▶ **オプションコンテンツ2** **文構造・文法解説**

▶ **オプションコンテンツ3** **単語ストック**

▶ **オプションコンテンツ4** **ディクテーション**

5分という限られた時間内に集中して音読することで、「英語の文構造を意識した語順感覚」を身につけることができます。また、毎日行う音読方法と英文が決まっているので、「さて今日は何を勉強しようか」「どうやって勉強しようか」など考えなくても、アルゴリズムに乗っかって勉強が進む仕組みになっています。

また、2回の5分音読の間に挟む10分～20分の休憩時間に「オプションコンテンツ」を使って学ぶことで、さらに効果が高まります。可能な限り、ぜひ取り組みましょう。

こうして、同じ英文を繰り返すことによって英語のストックが身につきます。英語を苦手とする人に共通するのは「英文のストック」がないことです。英文のストックというのは、自分の体に染み付いていて、深く考えなくても出てくる英文のことです。

例えば、This is a pen. や、My name is ～. や I'm fine, thank you. などは、すっと出てくる人が多いのではないでしょうか。これらは中学校で何度もくり返した英文だからです。

シンプルかつ分かりやすい中学レベルの英文をさまざまな方法で音読することにより、英文のストックを身につけていきましょう。音読は、正しい発音が身につく、英語を聞き取るリスニング能力が向上するなど、いいことずくめの方法なのです。

では、次のページから音読の４つの方法をご紹介します。ぜひマスターしてください。

▶ 5分音読A　まねして音読（リピーティング）

中学生時代を思い出してください。学校で英語の先生が「リピート・アフター・ミー」と言った後に、先生のまねをして音読をしたと思います。「まねして音読」はこれと同じように、英文をリピートする方法です。

従来からある何のへんてつもない音読方法ですが、ある点を意識しながらリピートするのが大事です。それは「正しく発音できるようになる」ことです。「正しく発音できるようになる」とは英語らしい音を作り出せるということです。このため、音読教材には、音声CDなど、音声データが付いているものを選ばなければなりませんが、必ずしもネイティブと同じように発音できるようになる必要はありません。「正しく発音」すればよいのです。

では、「正しく発音」して「まねして音読」を行うポイントを４つ挙げます。

- ▶ ポイント１　チャンク（意味のカタマリ）
- ▶ ポイント２　リエゾン
- ▶ ポイント３　強弱のリズム
- ▶ ポイント４　脱日本語発音

ポイント１　チャンク（意味のカタマリ）

「チャンク」とはカタマリを指します。短い文ならばあまり意識する必要はないのですが、関係代名詞、分詞、不定詞などの文法事項が入ってくると、カタマリを意識しなければなかなか身につきません。例えば次の文を見てみましょう。

The man standing over there is our English teacher.

あそこで立っている男性は私たちの英語の先生だ。

この文の構造は次のとおりです。

The man standing over there /

is our English teacher. //

このように2つのカタマリに分けられます。チャンクの区切り方は人それぞれなので、どこで分けるべきかというのは決まっていません。音読教材を選ぶ時、英文のチャンクごとにスラッシュ（ / ）が入っているものにすると「あ、ここで切ればよいのか」と分かるので、おすすめです。

ポイント2 リエゾン

ここで言うリエゾンとは、2つの単語の音がつながって発音が変わることを指します。例えば、an apple を普通に読むと、「アン」「アップル」となります。しかし、実際にはこの2語は続けて読まれるため、an [ən] の末尾にある n [n] と、apple [æpl] の先頭の [æ] が重なって、[næ] という音になります。つまり an apple は [ənæpl]、カタカナで示せば「アナップル」のように発音されます。

別の例で言うと、line [láin] と up [ʌp] であれば、「ライン」「アップ」ではなく、n と u が重なって [láinʌp]「ライナップ」になるわけです。

基本的には、「単語末尾の子音と、次の単語の母音（アエイオウ）が重なる」と考えるとよいと思います（もちろん例外はあります）。

ポイント3 強弱のリズム

日本語は強弱のリズムが少なく、平坦な言語と言われます。一方、英語は強弱リズムを非常に重視している言語だと言えます。

強弱のリズムは大きく2つあります。1つは「単語の強弱」。英語の授業で、「アクセント」として習っていると思います。もう1つは「文中の強弱」。学校ではあまり習わないと思いますが、非常に大事な要素です。

3－1 単語の強弱

beautiful を日本語読みすると「ビューティフル」と、平坦な発音になってしまうかもしれません。しかし、発音記号は [bjú:təf(ə)l] となり、

[u] の位置にアクセント記号が来ています。ここを強く、逆にアクセント記号のない部分は弱めに発音します。つまり、「**ビュー**ティフル」という感じに発音します。初めは少し極端なぐらいでもよいと思います。

3－2　文中での強弱

次の文を見てみましょう。

He forgot to do a writing assignment given by his
•　●　•　• •　●　•　•　• •
homeroom teacher.
●　•

（• は弱、●は強）

このようにリズムに強弱をつけて発音します。同じ英文でも、発信者が伝えたい内容によって、•（弱）と ●（強）の位置が変わることがあります。

では、先程出てきた「チャンク」という意味のカタマリの単位でリズムを取っていきましょう。

He forgot / to do a writing assignment /
given by his homeroom teacher.

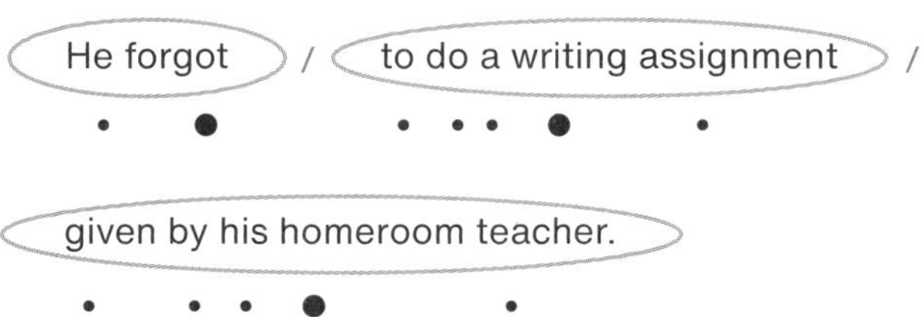

カタマリを一息で読むイメージで、そこに •（弱）と ●（強）のリズムを乗せていきます。慣れるまでなかなか難しいと思いますので、音声をしっかり聞き、意識しながら「まねして音読」をしましょう。

ポイント4 脱日本語発音

日本語発音から抜け出し、できるだけ英語らしい発音に近づけるには、特に子音の発音方法に気をつけてみましょう。完全に身につけることが大事なのではなく、どのように発音したらよいのかを知ることがポイントです。

注意すべき発音は４種類あります。

▶S、SH、TH

▶F、V

▶R、L

▶末尾の子音

では、ひとつずつ見ていきましょう。

4－1 S、SH、TH

日本語では全て「サ行」で済ませてしまう音です。see [síː] は「シー」と発音してしまいがちですが、どちらかというと「スィー」という音になります。一方、she [ʃíː] は日本語の「シー」に近い音です。

発音記号 [s] は「スー音」、[ʃ] は「シュー音」と呼ばれます。「スー」という音と「シュー」という音を出し比べてみれば、発音の方法が分かると思います。

th のつづりの発音は、「濁らない音」[θ] と「濁る音」[ð] の２種類に分かれます。

「濁らない音」[θ] は、日本語発音では「サ行」で発音してしまいがちです。例えば、three [θríː] は「スリー」と発音する人が多いのではないでしょうか。

[θ] の発音方法は、舌の先を軽く上の歯と下の歯の間で挟み、空気を漏らすようにして濁らない音を出すことです。[s] の音に近いですが、よく聞いてみると音が漏れるような発音になっていることに気づくことでしょう。

一方、「濁る音」[ð] は、日本語の「ザ行」で発音してしまいがちです。例えば、the [ðə] は「ザ」と発音する人が多いのではないでしょうか。

[ð] も舌の先を軽く上の歯と下の歯の間で挟み、空気を漏らすようにして音を出すのですが、θと違って濁る音を発します。[z] の音に近いですが、よく聞いていると違いが分かるようになってきます。

4－2　F、V

[f] も [v] も、上の歯に下の唇を触れて、歯と唇の間から空気を出しながら発音します。日本語の「フ」や「ブ」とは異なる音です。英語で h と f、b と v は全く違う音なので、使い分けられるようにしておきましょう。

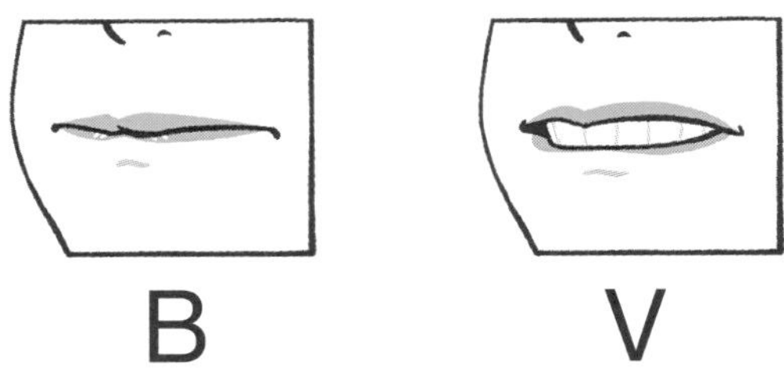

4－3　R、L

日本人が最も苦手とする音です。どちらもラ行の音で済ませがちですが、厳密に言うとどちらもラ行では表せません。

日本語のラ行は口の中の上の部分（口蓋）に舌を触れさせながら発音しますが、r の場合、舌の先はどこにも触れず、宙に浮かせる感じです。舌をどこにもつけずに「ラリルレロ」と発音してみてください。日本語の「ラリルレロ」とは全く異なる発音になると思います。

一方、l の発音は、舌先を上の歯の付け根に押し当てるようにして発音します。日本語のラ行に比べて舌が前の位置にあることを意識してください。これも、舌先を上の歯の付け根に押し当てるようにして「ラリルレロ」と言ってみてください。日本語の「ラリルレロ」とは違うことが分かると思います。r は舌をどこにもつけない、l は舌を上の歯につける。これだけで通じる発音になりますし、当然聞き取れるようにもなります。

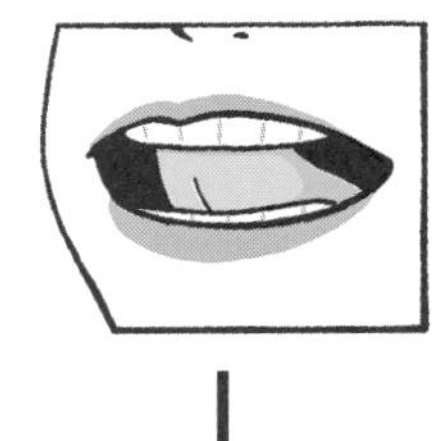

4－4　末尾の子音

日本語を発音する時、子音には必ず母音がついています。ローマ字表を見てみると、「カ行」であれば、k に aiueo の母音がくっついて、ka / ki / ku / ke / ko となっています。サ行でもマ行でも必ず s や m に aiueo の母音がついています。

そのため、英語を発音する時でもつい母音をくっつけたくなるのですが、英語の、特に単語の末尾の子音には母音がつかないことが多いのです。book という単語を「ブック」と発音する人が多いと思いますが、発音記号は [búk] であり、k の後ろに母音はありません。u をつけると [búku] となるはずですが、そうではありません。同様に、desk の発音記号は最後に u のついた [désuku] ではなく [désk] ですから、「デスク」ではありません。

もちろん子音に母音がつくこともあります。しかし、日本語のように必ず子音とセットで母音がついているという考えはなくしましょう。

先程もお伝えしたように、これらすべての発音を完璧に再現する必要はありませんが、どのように発音したらよいのかを考え、それを意識しながら音声を聞き、そしてその音声をまねしてみてください。そうすれば、より英語らしい発音になるとともに、リスニング能力も格段に上がります。

▶ 5分音読B　見上げて音読（リード・アンド・ルックアップ）

5分音読B「見上げて音読」は、英文を見ていったん頭に入れてから、英文から目を離し、英文を見ることなく音読する方法です。

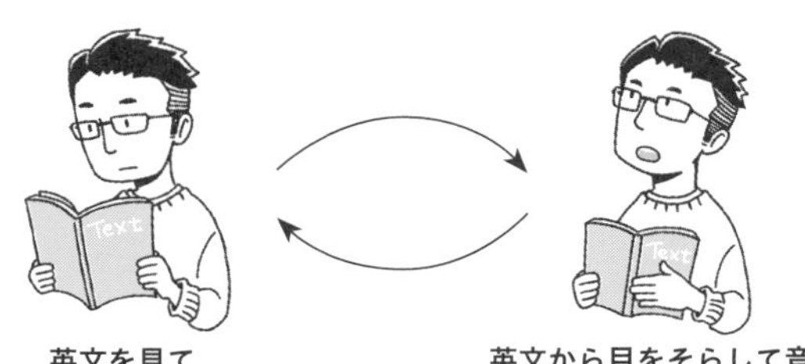

5分音読A「まねして音読（リピーティング）」は発音に注意を向けることを目的としていますが、5分音読B「見上げて音読（リード・アンド・ルックアップ）」では、英文を頭に入れることが目的です。

最も一般的な音読方法は、英文を見ながら声に出すやり方です。しかしこれは英文が頭に入らず、見ている情報（英文）をただ声に出すだけという「作業」になってしまい、脳に残らない可能性があります。そこで従来の方法を変更してみました。英文を見ていったん頭に格納してから今度は英文から目を離し、英文を見ずに声を出すという方法に変えたのが「見上げて音読」です。

英文を見ずに頭に入れるという工程を経ることで、英文が脳をしっかり通過し、頭にストックされる第1段階となります。ただ声に出すだけの音読から一歩進み、いったん目を離して音読するという工程を挟むことで、「英文を頭に格納しよう」という意識が生まれるのです。

5分音読B：見上げて音読（リード・アンド・ルックアップ）の方法

❶ 英文（またはスラッシュで区切られたカタマリ）を見て、いったん頭の中にとどめます。
❷ 顔を上げて、天井などを見ながら頭の中にとどめた英文（またはカタマリ）を発音します。
❸ 次の英文（またはカタマリ）に移って、最後までこれを繰り返します。

ただこれだけです。「まねして音読」と違うのは、いったん英文から目を離すという点です。初めは少し難しいと感じるかもしれませんが、だんだんと慣れてきます。

では、「見上げて音読」を行う際に意識するポイントを3つ挙げます。

- ▶ **ポイント1** スラッシュで区切られたカタマリ
- ▶ **ポイント2** 主語と動詞
- ▶ **ポイント3** 文法・熟語・文構造

ポイント1 スラッシュで区切られたカタマリ

「スラッシュ」というのは、むやみやたらに引いてあるわけではありません。意味の区切れ目で入っているのです。まずは「スラッシュが英文の意味のひとカタマリ」であることを意識して音読しましょう。

ポイント2 主語と動詞

スラッシュの区切り目というのは、主語や動詞も関係しています。次の文を見てみましょう。

The man standing over there is our English teacher.

これをスラッシュで区切ります。

The man standing over there / is our English teacher. //

このように2つのカタマリに分けることができます。be動詞であるisの前までが主語のカタマリです。この文は主語のカタマリが長いため、ここで区切られているのです。

ポイント3 文法・熟語・文構造

スラッシュの区切り目は、主語や動詞のほか、いくつかの文法事項や熟語も関係しています。次の文を見てみましょう。

Please turn off the mobile phone in the theater until the movie is over.

スラッシュで区切るとこうなります。

Please turn off the mobile phone in the theater / until the movie is over. //

until は接続詞であり、その前までが1つのカタマリです。つまり、この文は接続詞を挟んで2つに分かれています。

このように、文の区切り目にはなんらかの理由があります。その理由、つまり使われている文法や文構造がきちんとわかっていればベストですが、初めからそこまで理解している必要はありません。「なぜこの文はここで区切られているのだろうか」と意識し、「これは主語のカタマリかな？」「目的語のカタマリかな？」「それとも何か別の文法事項が絡んでいるのかな？」と考えるくせをつけましょう。

慣れてきたら、カタマリ単位の音読だけではなく、一文ごとの「見上げて音読」にもチャレンジしてみましょう。その際にもカタマリを意識しながら音読すると、より効果が高くなります。

なお、第3章で、文法と文構造の解説を「オプションコンテンツ2」として、熟語を「オプションコンテンツ1」としてトレーニングに組み込んであります。ぜひ参照してください。

▶ 5分音読C 追っかけ音読(シャドーイング)

オーディオプレーヤーなどで音声を流しつつ、その音を聞きながら音読するのが「追っかけ音読」です。「聞きながら」というのがポイントで、かなりの集中力を要します。

まずは英文を見ながら練習しましょう。絶対に、流れている音声より先の英文を発音しないでください。音声より先に発音してしまうと、音声を聞いていないということになります。音声が速すぎる場合にはいったん停止などをしても構いませんが、必ず聞こえてくる音声を再現するように努めましょう。

ちなみに、Audipoというスマートフォン用のアプリがあります。このアプリは音声の速度調整が可能で、「60%の速度」などゆっくりと再生することができるので、おすすめです。

「5分音読A：まねして音読」では「発音」、「5分音読B：見上げて音読」では「英文の一時ストック」を目的とし、それぞれのポイントを意識します。「追っかけ音読」の目的は、「発音」と「英文ストック」の両方ですが、それぞれに1つずつポイントがあります。2つのことに同時に集中するのは難しいので、1回目は「発音」、2回目は「英文ストック」に意識を向ける、というようにターゲットを絞って音読しましょう。

▶ **ポイント1** 音声の再現
▶ **ポイント2** 脳内への英文記憶

ポイント1 音声の再現

目的は「発音」にあります。「まねして音読」では、発音の基本として、チャンク、リエゾン、強弱のリズム、脱日本語発音を意識します。一方「追っかけ音読」では、耳と口を連動させて、聞こえてくる音声に集中し、できるだけその音声を再現しながら音読するよう努めましょう。

第３章の実践編では、各ラウンドの３日目と４日目に「追っかけ音読」を行います。1回目の「追っかけ音読」をする３日目で、このポイント1を意識しましょう。

ポイント2 脳内への英文記憶

目的は「英文ストック」です。「5分音読B：見上げて音読」では「英文の一時ストック」を目的とし、いったん数秒間でも英文を脳内にとどめておくトレーニングをします。一方、ここでは、英文を一字一句見逃さずに発音することで、脳に英文を記憶させていきます。

第3章の実践編では、各ラウンドの3日目と4日目に「追っかけ音読」を行います。2回目の「追っかけ音読」をする4日目で、このポイント2を意識しましょう。

なお、少し慣れてきたら、英文を見ずに、音声だけを頼りに音読してみましょう。これができればかなりの達成感を得られるはずです。「追っかけ音読」は「発音」の矯正と「英文ストック」のために非常によいトレーニングなのです。

▶ 5分音読D 瞬訳音読

「瞬訳音読」とは、英語から日本語、または日本語から英語に瞬時にテンポよく訳すトレーニングです。5分音読D1が英語から日本語への瞬間和訳、5分音読D2が日本語から英語への瞬間英作文です。

これまで、「5分音読A：まねして音読」、「5分音読B：見上げて音読」、「5分音読C：追っかけ音読」と繰り返し音読してきた英文を、今度は瞬時に訳していく音読方法です。

これまで3種類の音読でストックしてきた英文には、日本語での意味がひもづけされていませんでした。ここで「瞬訳音読」をすることによって、ストックされた英文と日本語の意味を結びつけていきます。

音読の素材は、できればスラッシュでカタマリごとに区切られた英文、およびその和訳がいいでしょう。まず、すでに第1章と第2章で挙げた文でやってみましょう。

The man standing over there is our English teacher.

第2章で述べたとおり、この文は次のように2つのカタマリに分けることができます。

The man standing over there /
is our English teacher. //

対応する日本語訳をそれぞれ記します。

The man standing over there	あそこに立っている男性は
is our English teacher.	私たちの英語の先生だ。

これを、左右どちらか、つまり英文か日本語訳のどちらか一方だけを見ながら反対側の言語を言えるようにするのが「瞬訳音読」です。手順はそれぞれ次のとおり。

▶ 5分音読 D1 瞬訳音読（英語から日本語への瞬間和訳）

右側の「あそこに立っている男性は」を手で隠したまま、左側の The man standing over there の英文を見て、「あそこに立っている男性は」と日本語を声に出します。

続いて、同じように右側の「私たちの英語の先生だ」を手で隠したまま、左側の is our English teacher. という英文を見て、「私たちの英語の先生だ」と日本語を声に出します。

▶ 5分音読 D2 瞬訳音読（日本語から英語への瞬間英作文）

今度は D1の逆の手順を取ります。左側の The man standing over there を手で隠したまま、右側の「あそこに立っている男性は」という日本語訳だけを見て、The man standing over there と英語を声に出します。

続いて同じように左側の is our English teacher. を手で隠したまま、右側の「私たちの英語の先生だ」という日本語訳だけを見て、is our English teacher. と英語を声に出します。

これまで3日間、何度もくり返してきた文です。ゼロからいきなり英作文するわけではなく、すでにストックがあるのです。今までの音読によってでき上がった英文のストックに、ここで意味を加える手続きです。まさにアルゴリズムなのです。

さて、瞬訳音読のポイントは1つだけです。

ポイント　一字一句正確な訳を声に出す

「瞬訳音読」では、英単語ひとつひとつが正確に反映されている日本語訳を声に出す必要があります。日本語として若干不自然であっても、一字一句間違いない訳文を口に出す、これが重要です。「瞬訳音読」では、「まねして音読」と「追っかけ音読」で意識してきた発音についてはあまり気にしなくてよいと考えてください。

瞬訳音読では、以下の技能が鍛えられます。

Reading（リーディング）

チャンク（カタマリ）ごとに意味を捉えることができるようになる。

Listening（リスニング）

聞きながらチャンクごとの意味を捉えることができるようになる。リーディングと違い、リスニングでは英文がどんどん進んでいく。英文を後ろからしか訳せない人は、訳そうとしている間に音声が流れていくことになる。だが、瞬訳音読によって「聞きながら」意味を捉えられるようになる。

Writing（ライティング）

「日本語から英語へ」のプロセスがスムーズになり、かつチャンクで意味を捉えられるようになる。そのためアウトプットが容易になる。

Speaking（スピーキング）

「日本語から英語へ」のプロセスがスムーズになる。そのため容易にアウトプットできるようになる。

なお、瞬訳音読においては、慣れるまでは、スラッシュで区切りが入っている英文を使う方がよいでしょう。チャンクごとに分かれている訳が手元になければ、一文ごとに瞬訳音読するという方法もありますが、一文が長すぎるとなかなか進まず、ストレスがたまってしまうかもしれません。

さて、いよいよこの本の心臓部「アルゴリズム音読実践編」に入ります。コーヒーを飲みつつコラムで一息ついてから、ぜひ口と手、目を使って第3章を実践していきましょう！ この通りにやれば必ず結果は出ます！ 1日たったの10分です。私を信じてついてきてください！

Column 1

英検準2級合格への戦略

英検準2級に合格しようと思うのであれば、まず戦略を練りましょう。そのためには、まず自分がどこにいて、ゴールはどこにあるのかをしっかりと把握しなければなりません。ナビと同じです。

スマートフォンを使ってどこかへ行こうとしても、GPSによる現在位置と目的地の情報がなければたどり着くことができません。「Googleマップ」なら、現在位置と目的地の情報さえあれば勝手にルートを検索してくれますが、資格取得に際してはそのルート（戦略）を自分で描く必要があります。

まず自分の位置を知るという点です。自分の位置とは、自分の英語のレベルです。自分の英語のレベルを手っ取り早く知るには、まずは目的の資格を受験することです。英検準2級合格を目指すのであれば、まず英検準2級を受けてみればいいのです。

英検を受験するにはもちろん検定料が必要となりますので、手始めに、公開されている英検の過去問をダウンロードして取り組んでみるのもよいかもしれません。しかし、ライティングの解答は自己採点しづらいので、自分のレベルを正確に割り出すことが少し難しいかもしれません。

過去問で自分のレベルを調べようとする場合、注意点があります。「実際の試験と同じ時間で過去問を解く」ことをしっかりと守らなければ、正しいレベルを知ることはできません。自分で過去問を解く場合、どうしても「まず半分やって、明日半分やろう」とか、「あと少しだから10分延長しよう」とか、逆に「早く終わったから早く採点してしまおう」などとしがちですが、これでは正しいレベルを知ることはできないのです。必ず「実際の試験と同じ時間で過去問を解く」ことによって、自分のレベルを把握してください。

次に、「ゴールはどこにあるのか」をしっかりと把握しましょう。英検準2級合格の「ゴール」とは、本書の冒頭にも書いたとおり、1次試験で1,322点、2次試験で406点です。

では、現在地もゴールも分かったところで、どのような戦略を練ればよいのでしょうか。

現在地とゴールの間には、必ず何らかの溝（ギャップ）があるはずです。現在地が1次試験1,000点でゴールが1,322点ならば、322点のギャップがあるわけです。戦略とは、その溝をどのように埋めていくのかを考えることです。

「Googleマップ」ならば現在地とゴールの間のルートを自動的に出してくれ

ますが、そのルートはいくつかあるかもしれません。同じように、英語学習のルートも、もちろんたくさんあります。

戦略を練るためには、どのような教材を使ってアルゴリズム音読をしたらよいのか、1日のうち何時頃を学習に充てることができるのか、何年何月何日にゴールを達成したいのか、そのゴールを達成するためにはいつ、何回チャンスがあるのか、などを考えて明確化します。

また、そのゴールを一発で達成する必要はありません。現時点で1,000点、来年の同じ時期に1,322点を取得して英検準2級に合格することをゴールと設定しましょう。英検は少なくとも年3回開催されますので、3回受験して322点伸ばせばよいのです。

322点を3回に分けます。322点÷3≒107点です。またリーディング、リスニング、ライティングの3技能に分けると、107÷3≒36点なので、1回の受験あたり1技能につき36点のスコアアップを目指せばよいと考えれば、より明確になります。そのために単語力を上げればよいのか、もっとリスニングに力を入れたらよいのかなど、自分の課題が見えてくるはずです。

このように、ゴールを設定したあとで、それを達成できるよう、戦略をしっかり練りましょう。

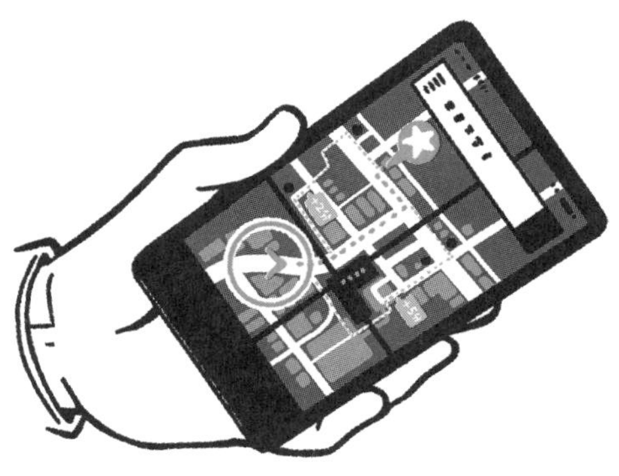

Column 2

英検準2級スピーキング対策

英検では4技能をバランスよく磨かなければならないのですが、日本人が一番苦手とするのはスピーキングです。「英検準2級のスピーキングテストとはどんなものなのか」ということを知っておくと、苦手意識を取り除くことができます。

英検準2級のスピーキングの問題には、大きく2種類あります。

⑴ 文章やイラストが書かれた「問題カード」を渡され、文章の音読および質疑応答
⑵ 面接者からの質問に対する意見の受け答え

「問題カード」も含め、英検公式ページにサンプル問題がありますので、ぜひ一度確認してください。

https://www.eiken.or.jp/eiken/exam/virtual/grade_p2/pdf/grade_p2.pdf

⑴の「問題カード」には50語程度の英文が書いてありますので、正しい発音で音読することが求められますが、「アルゴリズム音読」でしっかり音読のトレーニングを積んでいれば、特に対策は必要ありません。

また、面接官からその英文に対して1つ質問が投げ掛けられますが、音読する際に瞬訳音読を頭の中で意識しながら意味を捉えておけば大丈夫です。答え方としては、Why ～という質問には、Because で、How ～という質問には、By ～ ing で答えるというのが定石です。

イラストを説明する問題では、人の動作を説明します。

イラストに描かれている動作ですから、現在進行形で説明します。A man is walking. や A girl is painting a wall. など、be 動詞+～ ing という形を使います。基本的な動詞を使いますので、日常生活で見られる動作に関わる動詞を意識して覚えておくとよいでしょう。普段から、周りの人の動作を英語にしてつぶやいてみるといいでしょう。その際に動詞が分からなければ、辞書で調べるようにしましょう。

注意すべき点は、代名詞（He、She、It、They）などは使わないということです。イラスト内には男性、女性合わせて5、6人が描かれており、He is walking. と説明してしまうと、どの男性を指しているのかわかりません。基本的に A man、A woman、A boy、A girl、A boy and a girl などという表現を使いましょう。

「問題カード」を使った質疑応答では、答えがすべて「問題カード」の中にあるので、落ち着いていれば答えられます。できるだけ、この前半部分で点数を稼ぎましょう。

比較的難易度が高いのが、(2)の面接官からの質問に対する自分の意見の伝達です。

ここでは「問題カード」のように参照するものがないので、面接官からの問いをしっかり理解し、自分の意見を言う必要があります。

面接官からの問いは2つあります。

1つは Do you 〜という質問です。これには Yes, I do. または No, I don't. で答えることになります。裏技になりますが、質問がまったく聞き取れなかったとしても、Yes, I do. または No, I don't. と答えると少し点数を稼ぐことができます。

Yes または No で答えたあと、面接官から Why? または Why not? という追加の質問が来ます。「アルゴリズム音読」で音読した英文を思い出しながら、2文以上で意見を言いましょう。思いつかなかった場合でも、せめて1文で何かを答えましょう。

面接官からの質問に対して必ずしも自分の本当の意見を言う必要はありません。理由が思いつきやすいのはどちらなのかを素早く考えて、Yes または No と答え、その理由を言いましょう。

もう一つの質問は、身近な話題に関するものです。

●新聞を読みますか。

●ファストフードをよく食べますか。

●グループで勉強するより、一人で勉強する方がいいと思いますか。

などです。

こちらも Yes または No で答えると、面接官から Why? / Why not? と追加で質問されるので、理由を述べます。前述のとおり、自分の本当の意見でなくて構いません。少なくとも Yes/No だけでも答えましょう。

「アルゴリズム音読」でしっかり練習を積んでいれば、特別な対策は不要です。ただ、入室から質疑応答へ至る流れに慣れておいた方がよいので、誰か面接官役をしてくれる人（学校の先生や友人など）と一緒に、何度か練習することをおすすめします。

その際に有効なのが、『10日でできる！ 英検準2級二次試験・面接完全予想問題（旺文社刊）』です。多くの例題が載っていますので、英検準2級二次試験のスピーキングの練習をしたいという人にとっては必読書と言えます。

第3章

「アルゴリズム音読」実践編

「アルゴリズム音読」実践のために

「アルゴリズム音読」は４日間で1ラウンド、４日×８ラウンド＝32日間で完成するプログラムです。第２章で挙げた図をもう一度見てみましょう。

アルゴリズム音読のイメージ

5分音読A	10～20分休憩（オプションコンテンツ1A＋1B）	5分音読B
5分音読A	10～20分休憩（オプションコンテンツ2）	5分音読B
5分音読C	10～20分休憩（オプションコンテンツ3）	5分音読D1
5分音読C	10～20分休憩（オプションコンテンツ4）	5分音読D2

× 8ラウンド＝32日（約1ヵ月）

毎日「5分音読」を２回行います。まず1回目の音読。ここで休憩を入れ、この間に「オプションコンテンツ」に取り組みます。その後、２回目の音読をします。1回目と２回目とでは、音読の種類が異なることに注意しましょう。「5分音読」には第２章で記したとおり、４パターンあります。

- ▶ 5分音読A　まねして音読（リピーティング）
- ▶ 5分音読B　見上げて音読（リード・アンド・ルックアップ）
- ▶ 5分音読C　追っかけ音読（シャドーイング）
- ▶ 5分音読D1　瞬訳音読（英語から日本語への瞬間和訳）
- ▶ 5分音読D2　瞬訳音読（日本語から英語への瞬間英作文）

（D1・D2：5分音読D）

音読以外の「オプションコンテンツ」の内容は次のとおりです。オプションコンテンツは毎日異なりますので、それぞれのタイミングで詳しく説明することとします。

▶ **オプションコンテンツ1A** **英文全訳とフレーズ対応訳**

▶ **オプションコンテンツ1B** **単熟語リスト**

▶ **オプションコンテンツ2** **文構造・文法解説**

▶ **オプションコンテンツ3** **単語ストック**

▶ **オプションコンテンツ4** **ディクテーション**

「アルゴリズム音読」実践にあたっては、次の２点がポイントです。

ポイント1　５分間めいっぱい

すべての音読について、タイマーなどを使って５分間カウントします。英文を１度だけ読むのではなく、５分間をめいっぱい使って英文の音読を何回も繰り返しましょう。速く読んで音読回数を無理に増やそうとする必要はありません。それよりも「発音」「英文ストック」という目的に沿って、それぞれの音読方法のポイントに意識を置いて音読することが大切です。

ポイント2　音読と音読との間に休憩を挟む

１日２種類の音読をする間に、10分〜20分の休憩を取ります。この休憩時間に、トレーニングをさらに深めるためのオプションコンテンツに積極的に取り組みましょう。もちろん、この間にメールをチェックしたり、トイレに行ったりしてもOKです。ただし、前もって必ず休憩時間を決めておき、タイマーなどを使って時間を区切りましょう。５分音読の１回目を朝、２回目を晩に行うなど決め、休憩を20分以上取っても構いません。しかし、必ず同じ日に２種類の音読を行いましょう。

「アルゴリズム音読」は４日間で１ラウンドが完了します。１ラウンドで４種類の「５分音読」を２回ずつ繰り返します。５日目からは次のラウンドとなり、別の英文を使ってトレーニングに取り組みます。

では、早速「アルゴリズム音読」を実践してみましょう。

アルゴリズム音読記録表

音読を行った日付と、音読した回数を記入しましょう。

	1日目		2日目		3日目		4日目	
音読パターン	A（1回目）	B（1回目）	A（2回目）	B（2回目）	C（1回目）	D1（1回目）	C（2回目）	D2（1回目）
第1ラウンド	月	日	月	日	月	日	月	日
	回	回	回	回	回	回	回	回
第2ラウンド	月	日	月	日	月	日	月	日
	回	回	回	回	回	回	回	回
第3ラウンド	月	日	月	日	月	日	月	日
	回	回	回	回	回	回	回	回
第4ラウンド	月	日	月	日	月	日	月	日
	回	回	回	回	回	回	回	回
第5ラウンド	月	日	月	日	月	日	月	日
	回	回	回	回	回	回	回	回
第6ラウンド	月	日	月	日	月	日	月	日
	回	回	回	回	回	回	回	回
第7ラウンド	月	日	月	日	月	日	月	日
	回	回	回	回	回	回	回	回
第8ラウンド	月	日	月	日	月	日	月	日
	回	回	回	回	回	回	回	回

第 1 ラウンド

The Tomato Festival in Spain

を音読しよう！

1日目	5分音読	1回目	月　　日 実施	記入しましょう!

▶ 5分音読A まねして音読（リピーティング） 1回目

※詳しい方法は30ページを参照

音声に続いて、発音に注意しながら次の文章を音読しましょう。

5分間で目標とする音読回数	現在の英語力レベル	
1回	英検４級以下	TOEIC　　～200点
1.5回	英検３級	TOEIC 200～400点
2回	英検準２級	TOEIC 400～600点

The Tomato Festival in Spain

A town in Spain has a ❶festival once a year. In this festival, many locals and tourists gather together to ❷throw tomatoes at each other.

It started in 1945 when there was a ❸parade in the town. According to locals, one person in the parade crashed into a cart full of tomatoes. After the tomatoes ❹fell out, a group of young people started throwing them and a fight with tomatoes began.

The year after this first tomato fight, young people in the town tried to ❺start it again, but the town government did not ❻allow it for many years because it made the streets dirty. Finally, the government ❼decided to let the festival go ahead in 1957.

番号と下線のついた箇所は特に発音に注意すべきポイントです。次の説明に従って音読しましょう。

❶ festival

festival [féstəvəl] の f は上の歯を下唇に軽く当て、濁らない音「フ」と発音し、v の発音は、上の歯を下唇に軽く当て、濁った音「ヴ」として発音します。また、語尾の l の音は、舌の先を上の歯の付け根にしっかりとくっつけて発音します。l であり、lu のように母音はありませんので、母音の u を発音しないようにしましょう。難しい音が続く単語ですので、何度もゆっくりと発音練習してみましょう。

❷ throw

throw [θróu] の th [θ] の音は「ス」と発音しがちですが、th [θ] は上と下の前歯の間を少し空け、その間を舌の先で軽く触れるようにしながら濁らない音を出します。

❸ parade

parade [pəréid] の r は口の中で舌をどこにも触れさせずに発音します。また、語尾の d 音には、do のように母音がありませんので、母音の o を発音しないようにしましょう。

❹ fell out

fell [fél] の f は上の歯を下唇に軽く当て、濁らない音「フ」と発音し、l の音は、舌の先を上の歯の付け根にしっかりとくっつけて発音します。

out [áut] は「アウト」と発音する人が多いと思いますが、発音記号は [áut] であり、t の後ろに母音はありません。つまり「アウt」という感じの音になります。

また、「フェル」「アウト」ではなく、fell [fél] の l [l] と out [áut] の [á]「ア」が重なり、「フェラウt」という発音になります。

❺ start it again

「スタート」「イット」「アゲイン」ではなく、start [stárt] の t [t] と it [it] の [i]、it [it] の t [t] と again [əgén] の [ə]「(弱い) ア」が重なり、「スターティッタゲイン」という発音になります。

❻ allow

allow [əláu] の ow は [áu] という発音記号で表される音ですので、「アロウ」ではなく「ア**ラ**ウ」です。また、l の発音や、アクセント位置 (ア**ラ**ウ) にも注意しましょう。

❼ decided to

「ディサイディッド」「トゥー」ではなく、decided [disáidid] の語尾の d [d] と to [tu:] の [t] が重なり、「ディサイディトゥー」という発音になります。

5分間の音読回数を、52ページの「アルゴリズム音読記録表」に記録してください。ここで休憩を取りましょう。

▶10～20分休憩　タイマーのセットを忘れずに！

この間、次ページの**オプションコンテンツ1A　英文全訳とフレーズ対応訳**で、文章全体の流れと意味を把握しましょう。次に**オプションコンテンツ1B　単熟語リスト**で、意味の分からない語彙をしっかり押さえておきましょう。

1日目　休憩時間のオプションコンテンツ

「オプションコンテンツ」とは、1回目と2回目の「5分音読」の間に行う「オプション」の内容です。オプションではありますが、取り組んでいくと「アルゴリズム音読」のパワーがさらに高まり、頭に英文がどんどんストックされていくのを実感できるはずです。

では1日目のコンテンツです。

▶ オプションコンテンツ1A　英文全訳とフレーズ対応訳

取り組み　音読した英文全体の意味を確認し、自分の理解と異なる箇所についてはフレーズ対応訳で見直しておきましょう。

全訳

スペインのトマト祭り

スペインのある町では、1年に1度、お祭りを開催します。このお祭りでは、たくさんの地元の人や観光客が一緒に集まり、お互いにトマトを投げ合います。

このお祭りは、町でパレードがあった1945年に始まりました。地元の人によると、パレードである人がたくさんのトマトが載っている荷車にぶつかったそうです。トマトが崩れ落ちた後、若者のグループがそれらを投げ始め、トマトを用いた闘いが始まりました。

この最初のトマトの闘いが起きた翌年、町の若者はもう一度やろうとしたものの、町の政府は、道を汚してしまうという理由から、何年間も許しませんでした。最終的には、政府は1957年に、お祭りを実行してもよいと決定しました。

フレーズ対応訳

□	The Tomato Festival in Spain	スペインのトマト祭り
□	A town in Spain has a festival	スペインのある町ではお祭りを開催します。
□	once a year.	1年に1度、
□	In this festival,	このお祭りでは
□	many locals and tourists gather together	たくさんの地元の人や観光客が一緒に集まり
□	to throw tomatoes	トマトを投げ合います。
□	at each other.	お互いに
□	It started	それは始まりました。
□	in 1945	1945年に
□	when there was a parade	このお祭りは、パレードがあった
□	in the town.	町で
□	According to locals,	地元の人によると
□	one person in the parade	パレードで、ある人が
□	crashed into a cart full of tomatoes.	たくさんのトマトが載っている荷車にぶつかったそうです。
□	After the tomatoes fell out,	トマトが崩れ落ちた後
□	a group of young people	若者のグループが
□	started throwing them	それらを投げ始め、
□	and a fight with tomatoes began.	トマトを用いた闘いが始まりました。
□	The year after this first tomato fight,	この最初のトマトの闘いが起きた翌年、
□	young people in the town	町の若者は
□	tried to start it again,	もう一度それをやろうとしました

□	but the town government did not allow it	しかし、町の政府はそれを許しませんでした。
□	for many years	何年間も
□	because it made the streets dirty.	道を汚してしまうから
□	Finally, the government decided	最終的には、政府は〜を決定しました。
□	to let the festival go ahead	お祭りを実行してもよいと
□	in 1957.	1957年に

▶ オプションコンテンツ1B　単熟語リスト

音読していて意味が分からなかったり、あやふやだったりした単語を、ここで確認しておきましょう。これらの単語を頭に入れると、さらに音読の効果が高まります。

□	tourist	名 観光客
□	gather	動 集める
□	parade	名 パレード
□	according to 〜	〜によると
□	crash	動 衝突する
□	fall out	崩れる
□	government	名 政府、行政府
□	finally	副 最終的には
□	go ahead	進行する

1日目	5分音読	2回目	月　日 実施　記入しましょう!

▶ 5分音読B　見上げて音読(リード・アンド・ルックアップ)

1回目

※詳しい方法は36ページを参照

ここでは音声を聞きません。スラッシュで区切られたフレーズごとに英文を見て頭に入れます。その後、英文から目を離し、天井などを見上げながらフレーズを口から出しましょう。本からいったん目を離してルックアップする(見上げる)のがポイントで、このとき英文が脳内に格納されていきます。

5分間で目標とする音読回数	現在の英語力レベル	
0.5回	英検4級以下	TOEIC　～200点
1回	英検3級	TOEIC 200～400点
1.5回	英検準2級	TOEIC 400～600点

The Tomato Festival in Spain

A town in Spain has a festival / once a year. // In this festival, / many locals and tourists gather together / to throw tomatoes / at each other. //

It started / in 1945 / when there was a parade / in the town. // According to locals, / one person in the parade / crashed into a cart full of tomatoes. // After the tomatoes fell out, / a group of young people / started throwing them / and a fight with tomatoes began. //

The year after this first tomato fight, / young people in the town / tried to start it again, / but the town government did not allow it / for many years / because it made the streets dirty. // Finally, the government decided / to let the festival go ahead / in 1957. //

5分間の音読回数を、52ページの「アルゴリズム音読記録表」に記録してください。これで第1ラウンド1日目の終了です。お疲れさまでした。また明日、10分間の「アルゴリズム音読」で、英語のスキルを伸ばしていきましょう。

2日目	5分音読	1回目	月	日 実施	記入しましょう!

1日目と同じトレーニングですが、2日目なので音読できる回数が増えているかもしれませんね。

▶ 5分音読A まねして音読（リピーティング） 2回目

※詳しい方法は30ページを参照

音声に続いて、発音に注意しながら次の文章を音読しましょう。

5分間で目標とする音読回数	現在の英語力レベル	
1回	英検4級以下	TOEIC 〜200点
1.5回	英検3級	TOEIC 200〜400点
2回	英検準2級	TOEIC 400〜600点

The Tomato Festival in Spain

A town in Spain has a ❶festival once a year. In this festival, many locals and tourists gather together to ❷throw tomatoes at each other.

It started in 1945 when there was a ❸parade in the town. According to locals, one person in the parade crashed into a cart full of tomatoes. After the tomatoes ❹fell out, a group of young people started throwing them and a fight with tomatoes began.

The year after this first tomato fight, young people in the town tried to ❺start it again, but the town government did not ❻allow it for many years because it made the streets dirty. Finally, the government ❼decided to let the festival go ahead in 1957.

番号と下線のついた箇所は特に発音に注意すべきポイントです。次の説明に従って音読しましょう。

❶ festival

festival [féstəvəl] の f は上の歯を下唇に軽く当て、濁らない音「フ」と発音し、v の発音は、上の歯を下唇に軽く当て、濁った音「ヴ」として発音します。また、語尾の l の音は、舌の先を上の歯の付け根にしっかりとくっつけて発音します。l であり、lu のように母音はありませんので、母音の u を発音しないようにしましょう。難しい音が続く単語ですので、何度もゆっくりと発音練習してみましょう。

❷ throw

throw [θróu] の th [θ] の音は「ス」と発音しがちですが、th [θ] は上と下の前歯の間を少し空け、その間を舌の先で軽く触れるようにしながら濁らない音を出します。

❸ parade

parade [pəréid] の r は口の中で舌をどこにも触れさせずに発音します。また、語尾の d 音には、do のように母音がありませんので、母音の o を発音しないようにしましょう。

❹ fell out

fell [fél] の f は上の歯を下唇に軽く当て、濁らない音「フ」と発音し、l の音は、舌の先を上の歯の付け根にしっかりとくっつけて発音します。

out [áut] は「アウト」と発音する人が多いと思いますが、発音記号は [áut] であり、t の後ろに母音はありません。つまり「アウt」という感じの音になります。

また、「フェル」「アウト」ではなく、fell [fél] の l [l] と out [áut] の [á]「ア」が重なり、「フェラウt」という発音になります。

❺ start it again

「スタート」「イット」「アゲイン」ではなく、start [stárt] の t [t] と it [it] の [i]、it [it] の t [t] と again [əgén] の [ə]「(弱い) ア」が重なり、「スターティッタゲイン」という発音になります。

❻ allow

allow [əláu] の ow は [áu] という発音記号で表される音ですので、「アロウ」ではなく「ア**ラ**ウ」です。また、l の発音や、アクセント位置 (ア**ラ**ウ) にも注意しましょう。

❼ decided to

「ディサイディッド」「トゥー」ではなく、decided [disáidid] の語尾の d [d] と to [tu:] の [t] が重なり、「ディサイディトゥー」という発音になります。

5分間の音読回数を、52ページの「アルゴリズム音読記録表」に記録してください。1日目と比べて、伸びを実感してみましょう。ここで休憩を取りましょう。

▶10～20分休憩　タイマーのセットを忘れずに！

この間、次ページの**オプションコンテンツ2　文構造・文法解説**で、文法に意識を向けながらカタマリごとの意味をしっかり押さえておきましょう。

▶ オプションコンテンツ2　文構造・文法解説

取り組み　文法解説は本書で扱う中心的な内容ではありません。しかし、「英語の文構造を意識した語順感覚」を身につけるにあたり、文構造や文法に意識を向けるために簡単に解説しています。英文中の表現が気になったら、文法書などで調べてみましょう。

The Tomato Festival in Spain

A town in Spain has a festival once a year. In this festival, many locals and tourists **gather** together **to throw tomatoes** at each other.

不定詞「～するために」

It started in 1945 when there was a parade in the town. According to locals, **one person in the parade** crashed into a cart full of tomatoes. After the tomatoes fell out, **a group of young people** started **throwing** them and a fight with tomatoes began.

one person in the parade：主語
a group of young people：主語
throwing：動名詞「～すること」

The year after this first tomato fight, young people in the town tried **to start** it again, but the town government did not allow it for many years because it **made the streets dirty**. Finally, the government decided **to let the festival go ahead** in 1957.

to start：不定詞「～すること」
made the streets dirty：make ～ …「～を…にする」
to let the festival go ahead：不定詞「～すること」
let ～ 原形動詞（原形不定詞）「～に…させる」

2日目	5分音読	2回目	月	日 実施	記入しましょう！

▶ 5分音読 B　見上げて音読（リード・アンド・ルックアップ）

※詳しい方法は36ページを参照

ここでは音声を聞きません。スラッシュで区切られたフレーズごとに英文を見て頭に入れます。その後、英文から目を離し、天井などを見上げながらフレーズを口から出しましょう。本からいったん目を離してルックアップする（見上げる）のがポイントで、このとき英文が脳内に格納されていきます。

2回目の今日は、**オプションコンテンツ2　文構造・文法解説**に記した文構造や文法を意識すると、より効果が高まります。

5分間で目標とする音読回数	現在の英語力レベル	
0.5回	英検4級以下	TOEIC　　　～200点
1回	英検3級	TOEIC 200～400点
1.5回	英検準2級	TOEIC 400～600点

The Tomato Festival in Spain

A town in Spain has a festival / once a year. // In this festival, / many locals and tourists gather together / to throw tomatoes / at each other. //

It started / in 1945 / when there was a parade / in the town. // According to locals, / one person in the parade / crashed into a cart full of tomatoes. // After the tomatoes fell out, / a group of young people / started throwing them / and a fight with tomatoes began. //

The year after this first tomato fight, / young people in the town / tried to start it again, / but the town government did not allow it / for many years / because it made the streets dirty. // Finally, the government decided / to let the festival go ahead / in 1957. //

5分間の音読回数を、52ページの「アルゴリズム音読記録表」に記録してください。これで第1ラウンド2日目の終了です。同じ英文をくり返し読むことで、英文が頭に入ってきているはずです。明日も「アルゴリズム音読」を続けましょう。

3日目	5分音読	1回目	月　日 実施　記入しましょう!

今日は、1、2日目とは異なるトレーニングを行います。英語音声を止めることなく、追いかけるように次の文章を音読しましょう。それが難しい場合は、再生速度を調整してみましょう。

▶ 5分音読C　追っかけ音読(シャドーイング)

1回目

※詳しい方法は39ページを参照

5分間で目標とする音読回数	現在の英語力レベル	
1.5回	英検4級以下	TOEIC　～200点
2回	英検3級	TOEIC 200～400点
2.5回	英検準2級	TOEIC 400～600点

再生速度の目安
0.5倍

追っかけ音読1回目の今日は発音に意識を置き、聞こえてくる音声をできるだけ再現しながら音読することに努めましょう。

The Tomato Festival in Spain

A town in Spain has a festival once a year. In this festival, many locals and tourists gather together to throw tomatoes at each other.

It started in 1945 when there was a parade in the town. According to locals, one person in the parade crashed into a cart full of tomatoes. After the tomatoes fell out, a group of young people started throwing them and a fight with tomatoes began.

The year after this first tomato fight, young people in the town tried to start it again, but the town government did not allow it for many years because it made the streets dirty. Finally, the government decided to let the festival go ahead in 1957.

5分間の音読回数を、52ページの「アルゴリズム音読記録表」に記録してください。ここで休憩を取りましょう。

▶10～20分休憩　タイマーのセットを忘れずに！

この間、次ページの**オプションコンテンツ3　単語ストック**で、単語力を鍛えましょう。

3日目　休憩時間のオプションコンテンツ

▶ オプションコンテンツ3　単語ストック

取り組み 1日目の**オプションコンテンツ1B　単熟語リスト**に出てきた単語を、今日は英文の中で覚えましょう。丸暗記ではなく、5分音読A「まねして音読」、B「見上げて音読」、D「瞬訳音読」の各パターンを実践すると、自然と頭に格納されていきます。

□	The number of tourists is increasing.	観光客の数が増えている。
□	Thousands of people gathered in the park.	何千人もがその公園に集まった。
□	The parade went through the people.	パレードは人々の間を通り抜けた。
□	According to the news, the flu is going around.	ニュースによると、インフルエンザが流行っている。
□	The car crashed into the wall.	その車は壁にぶつかった。
□	Don't step back, or you will fall out the cliff.	後ろに下がらないで、さもないと崖から落ちるよ。
□	The government made an important decision.	政府は重要な決定を下した。
□	Finally, we arrived in Brazil.	ついに私たちはブラジルに着いた。
□	It was my mistake to go ahead with the plan.	その計画を進めたのは私の間違いだった。

それぞれの音読をしたら□にチェックマークを入れましょう。

□**音読 A**	まねして音読（リピーティング）
□**音読 B**	見上げて音読（リード・アンド・ルックアップ）
□**音読 D1**	瞬訳音読（英語から日本語への瞬間和訳）
□**音読 D2**	瞬訳音読（日本語から英語への瞬間英作文）

▶ 5分音読 D1　瞬訳音読（英語から日本語への瞬間和訳）　1回目

※詳しい方法は41ページを参照

表の右側（日本語）を手で隠し、英語を見て日本語に訳していきましょう。

5分間で目標とする音読回数	現在の英語力レベル	
0.5回	英検４級以下	TOEIC　～200点
1回	英検３級	TOEIC 200～400点
1.5回	英検準２級	TOEIC 400～600点

□	The Tomato Festival in Spain	スペインのトマト祭り
□	A town in Spain has a festival	スペインのある町ではお祭りを開催します。
□	once a year.	1年に1度、
□	In this festival,	このお祭りでは
□	many locals and tourists gather together	たくさんの地元の人や観光客が一緒に集まり
□	to throw tomatoes	トマトを投げ合います。
□	at each other.	お互いに
□	It started	それは始まりました。
□	in 1945	1945年に
□	when there was a parade	このお祭りは、パレードがあった
□	in the town.	町で
□	According to locals,	地元の人によると
□	one person in the parade	パレードで、ある人が
□	crashed into a cart full of tomatoes.	たくさんのトマトが載っている荷車にぶつかったそうです。

□	After the tomatoes fell out,	トマトが崩れ落ちた後
□	a group of young people	若者のグループが
□	started throwing them	それらを投げ始め、
□	and a fight with tomatoes began.	トマトを用いた闘いが始まりました。
□	The year after this first tomato fight,	この最初のトマトの闘いが起きた翌年、
□	young people in the town	町の若者は
□	tried to start it again,	もう一度それをやろうとしました
□	but the town government did not allow it	しかし、町の政府はそれを許しませんでした。
□	for many years	何年間も
□	because it made the streets dirty.	道を汚してしまうから
□	Finally, the government decided	最終的には、行政は～を決定しました。
□	to let the festival go ahead	お祭りを実行してもよいと
□	in 1957.	1957年に

5分間の音読回数を、52ページの「アルゴリズム音読記録表」に記録してください。これで第1ラウンド3日目が終了、このラウンドのアルゴリズムも75パーセントまで到達しました。明日はこのラウンドの仕上げです。

4日目	5分音読	1回目	月　日 実施	記入しましょう!

いよいよ第1ラウンドの最終日です！　1回目の音読は昨日と同じトレーニングです。

▶ 5分音読C　追っかけ音読（シャドーイング）　2回目

※詳しい方法は39ページを参照

音声を追いかけて、次の文章を音読しましょう。それが難しい場合には、再生速度を調整してみましょう。

5分間で目標とする音読回数	現在の英語力レベル	
1.5回	英検4級以下	TOEIC　～200点
2回	英検3級	TOEIC 200～400点
2.5回	英検準2級	TOEIC 400～600点

再生速度の目安
0.75倍

追っかけ音読2回目の今日は、英文ストックに意識を置き、一字一句見逃すことなく音読することに努めましょう。

The Tomato Festival in Spain

A town in Spain has a festival once a year. In this festival, many locals and tourists gather together to throw tomatoes at each other.

It started in 1945 when there was a parade in the town. According to locals, one person in the parade crashed into a cart full of tomatoes. After the tomatoes fell out, a group of young people started throwing them and a fight with tomatoes began.

The year after this first tomato fight, young people in the town tried to start it again, but the town government did not allow it for many years because it made the streets dirty. Finally, the government decided to let the festival go ahead in 1957.

5分間の音読回数を、52ページの「アルゴリズム音読記録表」に記録してください。ここで休憩を取りましょう。

▶10～20分休憩　タイマーのセットを忘れずに！

この間、次ページの**オプションコンテンツ4　ディクテーション**で、英文ストックにもれがないか、また、リエゾンなどの音の変化を再度確認してみましょう。

4日目　休憩時間のオプションコンテンツ

▶ オプションコンテンツ4　ディクテーション

取り組み　音声を聞いて、英文中の空欄に入る単語を埋めてみましょう。

もしスペル（つづり）が分からない場合、適当なスペルでもカタカナでもよいので書いてみましょう。

音声を止めずに進めてください。書いている間にどんどん進んでいってしまうので、自分にしか読めないような走り書きでもOKです。難しい場合は、再生速度を調整するなどしてみましょう。

慣れてくると、「ここに動詞が入るはずだ」、「前置詞が入るのでは？」、「この後ろに目的語が足りないな」などという語順感覚がつかめてきて、自然と次に来る要素が分かるようになります。

1度ですべて書き取れなかった場合は、何度かチャレンジしてみましょう。最終的に書き取れなかった単語があれば、その語だけでなくその語を含む1文を何度も音読してみましょう。

The Tomato Festival in Spain

A town in Spain has (   ) festival once a year. In this festival, many locals and tourists gather together to (   ) tomatoes at each other.

It started in 1945 when there was a (   ) in the town. According to locals, one person in the parade crashed into a cart full (   ) tomatoes. After the tomatoes fell (   ), a group of young people started throwing them and a fight with tomatoes began.

The year after this first tomato fight, young people in the town tried to start it again, but the town government did not (   ) it for many years because it made the streets dirty. Finally, the government decided to (   ) the festival go ahead in 1957.

▶ 5分音読 D2 瞬訳音読（日本語から英語への瞬間英作文） 1回目

※詳しい方法は41ページを参照

ページの左側（英語）を手で隠し、日本語を見て英語に訳していきましょう。

5分間で目標とする音読回数	現在の英語力レベル	
0.5回	英検4級以下	TOEIC 〜200点
1回	英検3級	TOEIC 200〜400点
1.5回	英検準2級	TOEIC 400〜600点

□	The Tomato Festival in Spain	スペインのトマト祭り
□	A town in Spain has a festival	スペインのある町ではお祭りを開催します。
□	once a year.	1年に1度、
□	In this festival,	このお祭りでは
□	many locals and tourists gather together	たくさんの地元の人や観光客が一緒に集まり
□	to throw tomatoes	トマトを投げ合います。
□	at each other.	お互いに
□	It started	それは始まりました。
□	in 1945	1945年に
□	when there was a parade	このお祭りは、パレードがあった
□	in the town.	町で
□	According to locals,	地元の人によると
□	one person in the parade	パレードで、ある人が

☐	crashed into a cart full of tomatoes.	たくさんのトマトが載っている荷車にぶつかったそうです。
☐	After the tomatoes fell out,	トマトが崩れ落ちた後
☐	a group of young people	若者のグループが
☐	started throwing them	それらを投げ始め、
☐	and a fight with tomatoes began.	トマトを用いた闘いが始まりました。
☐	The year after this first tomato fight,	この最初のトマトの闘いが起きた翌年、
☐	young people in the town	町の若者は
☐	tried to start it again,	もう一度それをやろうとしました
☐	but the town government did not allow it	しかし、町の政府はそれを許しませんでした。
☐	for many years	何年間も
☐	because it made the streets dirty.	道を汚してしまうから
☐	Finally, the government decided	最終的には、政府は〜を決定しました。
☐	to let the festival go ahead	お祭りを実行してもよいと
☐	in 1957.	1957年に

５分間の音読回数を、52ページの「アルゴリズム音読記録表」に記録してください。これで第1ラウンド終了です。大変お疲れさまでした。明日からは第２ラウンドです。新しい英文を音読していきますので、気持ちをリフレッシュして取り組んでください！

第2ラウンド

J. K. Rowling

を音読しよう！

1日目	5分音読	1回目	月	日 実施	記入しましょう!

▶ 5分音読A まねして音読（リピーティング） 1回目

※詳しい方法は30ページを参照

音声に続いて、発音に注意しながら次の文章を音読しましょう。

5分間で目標とする音読回数	現在の英語力レベル	
1回	英検４級以下	TOEIC ～200点
1.5回	英検３級	TOEIC 200～400点
2回	英検準２級	TOEIC 400～600点

J. K. Rowling

J. K. Rowling is a British ❶author. She wrote *Harry Potter*, one of the most ❷famous children's books in history. Her dream since she was little was to ❸write a children's book. She wrote her first short story when she was six.

Rowling wrote the first *Harry Potter* book while she was taking care of her daughter by herself. She would ❹write it after work while her daughter was sleeping. When she completed the draft, Rowling sent the book to some publishing companies, but she did not ❺get a response for many months.

Eventually, one editor said that he would publish Rowling's book, because his daughter ❻really loved the first chapter. *Harry Potter* was ❼very successful. It made ❽lots of money and was translated into over 75 languages.

番号と下線のついた箇所は特に発音に注意すべきポイントです。次の説明に従って音読しましょう。

❶ author

author [ɔ́:θər] の au [ɔ́:] は「オー」と発音します。th [θ] は「サ」と発音しがちですが、th [θ] は上と下の前歯の間を少し空け、その間を舌の先で軽く触れるようにしながら濁らない音を出します。

❷ famous

famous [féiməs] の f は上の歯を下唇に軽く当て、濁らない音「フ」と発音し、a [éi] は「エイ」と発音します。また語尾の -mous [məs] の s は su ではないので、母音の u をできるだけ発音しないように歯と歯の隙間から音を漏らす程度にします。「マス」ではなく「マ s」というイメージです。

❸ write

write [rait] の [r] の部分は、口の中で舌をどこにも触れさせずに発音します。また r で始まる単語を発音する場合、少し口をすぼめて発音し始めると英語らしい音になります。「ゥライト」という感じで発音してみましょう。

❹ write it

「ライト」「イット」ではなく、write [rait] の t [t] と it [it] の [i]「イ」がつながります。また、write は❸の説明の通り、「ゥライト」となるので、「ゥライティット」という発音になります。

❺ get a

「ゲット」「ア」ではなく、get [get] の t [t] と a [ə] の「(弱い) ア」が重なり、「ゲッタ」という発音になります。

❻ really

really [rí:(ə)li] の [rí:] の部分は、口の中で舌をどこにも触れさせずに発音します。また r で始まる単語を発音する場合、少し口をすぼめて発音し始めると英語らしい音になります。[li] の部分は舌の先を上の歯の付け根にしっかりとくっつけて発音しますので、「ゥリーアリー」という感じの発音になります。R と L の音が混在するので、しっかり２つの音を意識して発音しましょう。

❼ very

very [véri] の v の発音は、上の歯を下唇に軽く当て、濁った音「ヴ」として発音することに意識を置きましょう。

❽ lots of

「ロッツ」「オブ」ではなく、lots [lɑts] の ts [ts] と of [əv] の「(弱い) オ」がつながります。また、of の v の発音は、上の歯を下唇に軽く当て、濁った音「ヴ」として発音することに意識を置きましょう。「ロッツォヴ」という発音になります。

5分間の音読回数を、52ページの「アルゴリズム音読記録表」に記録してください。ここで休憩を取りましょう。

▶10～20分休憩　タイマーのセットを忘れずに！

この間、次ページの**オプションコンテンツ1A　英文全訳とフレーズ対応訳**で、文章全体の流れと意味を把握しましょう。次に**オプションコンテンツ1B　単熟語リスト**で、意味の分からない語彙をしっかり押さえておきましょう。

1日目　休憩時間のオプションコンテンツ

オプションコンテンツに取り組むと「アルゴリズム音読」のパワーが最大限に発揮されます。頭に英文をどんどんストックしていきましょう。

▶ オプションコンテンツ1A　英文全訳とフレーズ対応訳

取り組み　音読した英文全体の意味を確認し、自分の理解と異なる箇所についてはフレーズ対応訳で見直しておきましょう。

全訳

J・K・ローリング

J・K・ローリングはイギリスの著述家です。彼女は史上最も有名な子供向けの本の1つである『ハリー・ポッター』を書きました。彼女の子供の頃からの夢は、子供向けの本を書くことでした。彼女は6歳の時に、最初の短い物語を書きました。

ローリングは最初の『ハリー・ポッター』の本を、自分一人で娘を育てながら書きました。彼女は仕事の後、娘が眠っている間に書いたものです。ローリングは原稿を完成させて、いくつかの出版社に作品を送りましたが、何ヵ月もの間何一つ応答がありませんでした。

最終的には、一人の編集者がローリングの本を出版したいと言いました。なぜなら、彼の娘が最初の章をとても気に入ったからです。『ハリー・ポッター』はとても成功しました。その本はたくさんのお金を生み出し、75以上の言語に翻訳されました。

フレーズ対応訳

□ J. K. Rowling	J・K・ローリング
□ J. K. Rowling is a British author.	J・K・ローリングはイギリスの著述家です。

□	She wrote *Harry Potter*,	彼女は『ハリー・ポッター』を書きました。
□	one of the most famous children's books	最も有名な子供向けの本の１つである
□	in history.	歴史上で
□	Her dream	彼女の夢は
□	since she was little	子供の頃からの
□	was to write a children's book.	子供向けの本を書くことでした。
□	She wrote her first short story	彼女は最初の短い物語を書きました。
□	when she was six.	６歳の時に
□	Rowling wrote the first *Harry Potter* book	ローリングは最初の『ハリー・ポッター』の本を書きました。
□	while she was taking care of her daughter	娘を育てながら
□	by herself.	自分一人で
□	She would write it after work	彼女は仕事の後、書いたものです。
□	while her daughter was sleeping.	娘が眠っている間に
□	When she completed the draft,	ローリングは原稿を完成させると
□	Rowling sent the book	本を送りました
□	to some publishing companies,	いくつかの出版社に
□	but she did not get a response	しかし彼女は返答をもらえませんでした。
□	for many months.	何ヵ月もの間
□	Eventually,	最終的には
□	one editor said	一人の編集者が言いました
□	that he would publish Rowling's book,	ローリングの本を出版したいと

□	because his daughter really loved the first chapter.	なぜなら彼の娘が最初の章をとても気に入ったからです。
□	*Harry Potter* was very successful.	『ハリー・ポッター』はとても成功しました。
□	It made lots of money	その本はたくさんのお金を生み出しました
□	and was translated	そして翻訳されました。
□	into over 75 languages.	75以上の言語に

▶ オプションコンテンツ1B　単熟語リスト

音読していて意味が分からなかったり、あやふやだったりした単語を、ここで確認しておきましょう。これらの単語を頭に入れると、さらに音読の効果が高まります。

□	author	名 著述家、著者
□	by oneself	独力で、一人で
□	complete	動 完成させる
□	draft	名 原稿
□	publishing company	名 出版社
□	response	名 返答
□	editor	名 編集者
□	successful	形 成功した
□	translate	動 翻訳する

1日目	5分音読	2回目	月　日 実施	記入しましょう!

▶ 5分音読B 見上げて音読(リード・アンド・ルックアップ) 1回目

※詳しい方法は36ページを参照

ここでは音声を聞きません。スラッシュで区切られたフレーズごとに英文を見て頭に入れます。その後、英文から目を離し、天井などを見上げながらフレーズを口から出しましょう。本からいったん目を離してルックアップする(見上げる)のがポイントで、このとき英文が脳内に格納されていきます。

5分間で目標とする音読回数	現在の英語力レベル	
0.5回	英検4級以下	TOEIC 〜200点
1回	英検3級	TOEIC 200〜400点
1.5回	英検準2級	TOEIC 400〜600点

J. K. Rowling

J. K. Rowling is a British author. // She wrote *Harry Potter*, / one of the most famous children's books / in history. // Her dream / since she was little / was to write a children's book. // She wrote her first short story / when she was six. //

Rowling wrote the first *Harry Potter* book / while she was taking care of her daughter / by herself. // She would write it after work / while her daughter was sleeping. // When she completed the draft, / Rowling sent the book / to some publishing companies, / but she did not get a response / for many months. //

Eventually, / one editor said / that he would publish Rowling's book, / because his daughter really loved the first chapter. // *Harry Potter* was very successful. // It made lots of money / and was translated / into over 75 languages. //

5分間の音読回数を、52ページの「アルゴリズム音読記録表」に記録してください。これで第2ラウンド1日目の終了です。お疲れさまでした。また明日、10分間の「アルゴリズム音読」で、英語のスキルを伸ばしていきましょう。

2日目	5分音読	1回目	月　　日 実施　記入しましょう!

1日目と同じトレーニングですが、2日目なので音読できる回数が増えているかもしれませんね。

▶ 5分音読A　まねして音読（リピーティング）　2回目

※詳しい方法は30ページを参照

音声に続いて、発音に注意しながら次の文章を音読しましょう。

5分間で目標とする音読回数	現在の英語力レベル	
1回	英検4級以下	TOEIC　　～200点
1.5回	英検3級	TOEIC 200～400点
2回	英検準2級	TOEIC 400～600点

J. K. Rowling

J. K. Rowling is a British ❶author. She wrote *Harry Potter*, one of the most ❷famous children's books in history. Her dream since she was little was to ❸write a children's book. She wrote her first short story when she was six.

Rowling wrote the first *Harry Potter* book while she was taking care of her daughter by herself. She would ❹write it after work while her daughter was sleeping. When she completed the draft, Rowling sent the book to some publishing companies, but she did not ❺get a response for many months.

Eventually, one editor said that he would publish Rowling's book, because his daughter ❻really loved the first chapter. *Harry Potter* was ❼very successful. It made ❽lots of money and was translated into over 75 languages.

番号と下線のついた箇所は特に発音に注意すべきポイントです。次の説明に従って音読しましょう。

❶ author

author [ɔ́:θər] の au [ɔ́:] は「オー」と発音します。th [θ] は「サ」と発音しがちですが、th [θ] は上と下の前歯の間を少し空け、その間を舌の先で軽く触れるようにしながら濁らない音を出します。

❷ famous

famous [féiməs] の f は上の歯を下唇に軽く当て、濁らない音「フ」と発音し、a [éi] は「エイ」と発音します。また語尾の -mous [məs] の s は su ではないので、母音の u をできるだけ発音しないように歯と歯の隙間から音を漏らす程度にします。「マス」ではなく「マ s」というイメージです。

❸ write

write [rait] の [r] の部分は、口の中で舌をどこにも触れさせずに発音します。また r で始まる単語を発音する場合、少し口をすぼめて発音し始めると英語らしい音になります。「ゥライト」という感じで発音してみましょう。

❹ write it

「ライト」「イット」ではなく、write [rait] の t [t] と it [it] の [i]「イ」がつながります。また、write は❸の説明の通り、「ゥライト」となるので、「ゥライティット」という発音になります。

❺ get a

「ゲット」「ア」ではなく、get [get] の t [t] と a [ə] の「(弱い) ア」が重なり、「ゲッタ」という発音になります。

❻ really

really [rí:(ə)li] の [rí:] の部分は、口の中で舌をどこにも触れさせずに発音します。また r で始まる単語を発音する場合、少し口をすぼめて発音し始めると英語らしい音になります。[li] の部分は舌の先を上の歯の付け根にしっかりとくっつけて発音しますので、「ゥリーアリー」という感じの発音になります。R と L の音が混在するので、しっかり2つの音を意識して発音しましょう。

❼ very

very [véri] の v の発音は、上の歯を下唇に軽く当て、濁った音「ヴ」として発音することに意識を置きましょう。

❽ lots of

「ロッツ」「オブ」ではなく、lots [lɑts] の ts [ts] と of [əv] の「(弱い) オ」がつながります。また、of の v の発音は、上の歯を下唇に軽く当て、濁った音「ヴ」として発音することに意識を置きましょう。「ロッツォヴ」という発音になります。

5分間の音読回数を、52ページの「アルゴリズム音読記録表」に記録してください。1日目と比べて、伸びを実感してみましょう。ここで休憩を取りましょう。

▶10～20分休憩　タイマーのセットを忘れずに！

この間、次ページの**オプションコンテンツ2　文構造・文法解説**で、文法に意識を向けながらカタマリごとの意味をしっかり押さえておきましょう。

2日目 休憩時間のオプションコンテンツ

▶ オプションコンテンツ2 文構造・文法解説

取り組み 文法解説は本書で扱う中心的な内容ではありません。しかし、「英語の文構造を意識した語順感覚」を身につけるにあたり、文構造や文法に意識を向けるために簡単に解説しています。英文中の表現が気になったら、文法書などで調べてみましょう。

J. K. Rowling

J. K. Rowling is a British author. She wrote *Harry Potter*, one of the most famous children's books in history. Her dream **since she was little** was **to write a children's book**. She wrote her first short story when she was six.

,（コンマ、カンマ）：他の情報を付け加える
since ～「～の時から」
不定詞「～すること」

Rowling wrote the first *Harry Potter* book while she was taking care of her daughter **by herself**. She **would** write it after work while her daughter was sleeping. When she completed the draft, Rowling sent the book to some publishing companies, but she did not get a response for many months.

「～したものだ」

Eventually, one editor said **that he would publish Rowling's book**, because his daughter really loved the first chapter. *Harry Potter* was very successful. It made lots of money and **was translated into over 75 languages**.

受動態〈be + 過去分詞〉

2日目	5分音読	2回目	月　　日 実施	記入しましょう!

▶ 5分音読B　見上げて音読（リード・アンド・ルックアップ）　2回目

※詳しい方法は36ページを参照

ここでは音声を聞きません。スラッシュで区切られたフレーズごとに英文を見て頭に入れます。その後、英文から目を離し、天井などを見上げながらフレーズを口から出しましょう。本からいったん目を離してルックアップする（見上げる）のがポイントで、このとき英文が脳内に格納されていきます。

2回目の今日は、**オプションコンテンツ2　文構造・文法解説**に記した文構造や文法を意識すると、より効果が高まります。

5分間で目標とする音読回数	現在の英語力レベル	
0.5回	英検4級以下	TOEIC　　～200点
1回	英検3級	TOEIC 200～400点
1.5回	英検準2級	TOEIC 400～600点

J. K. Rowling

J. K. Rowling is a British author. // She wrote *Harry Potter*, / one of the most famous children's books / in history. // Her dream / since she was little / was to write a children's book. // She wrote her first short story / when she was six. //

Rowling wrote the first *Harry Potter* book / while she was taking care of her daughter / by herself. // She would write it after work / while her daughter was sleeping. // When she completed the draft, / Rowling sent the book / to some publishing companies, / but she did not get a response / for many months. //

Eventually, / one editor said / that he would publish Rowling's book, / because his daughter really loved the first chapter. // *Harry Potter* was very successful. // It made lots of money / and was translated / into over 75 languages. //

5分間の音読回数を、52ページの「アルゴリズム音読記録表」に記録してください。これで第2ラウンド2日目の終了です。同じ英文をくり返し読むことで、英文が頭に入ってきているはずです。明日も「アルゴリズム音読」を続けましょう。

3日目	5分音読	1回目	月　日 実施	記入しましょう!

今日は、1、2日目とは異なるトレーニングを行います。英語音声を止めることなく、追いかけるように次の文章を音読しましょう。それが難しい場合は、再生速度を調整してみましょう。

▶ 5分音読 C 追っかけ音読（シャドーイング） 1回目

※詳しい方法は39ページを参照

5分間で目標とする音読回数	現在の英語力レベル	
1.5回	英検4級以下	TOEIC　～200点
2回	英検3級	TOEIC 200～400点
2.5回	英検準2級	TOEIC 400～600点

再生速度の目安
0.5倍

追っかけ音読1回目の今日は発音に意識を置き、聞こえてくる音声をできるだけ再現しながら音読することに努めましょう。

J. K. Rowling

J. K. Rowling is a British author. She wrote *Harry Potter*, one of the most famous children's books in history. Her dream since she was little was to write a children's book. She wrote her first short story when she was six.

Rowling wrote the first *Harry Potter* book while she was taking care of her daughter by herself. She would write it after work while her daughter was sleeping. When she completed the draft, Rowling sent the book to some publishing companies, but she did not get a response for many months.

Eventually, one editor said that he would publish Rowling's book, because his daughter really loved the first chapter. *Harry Potter* was very successful. It made lots of money and was translated into over 75 languages.

5分間の音読回数を、52ページの「アルゴリズム音読記録表」に記録してください。ここで休憩を取りましょう。

▶10〜20分休憩　タイマーのセットを忘れずに！

この間、次ページの**オプションコンテンツ3　単語ストック**で、単語力を鍛えましょう。

3日目 休憩時間のオプションコンテンツ

▶ オプションコンテンツ3 単語ストック

取り組み 1日目の**オプションコンテンツ1B 単熟語リスト**に出てきた単語を、今日は英文の中で覚えましょう。丸暗記ではなく、5分音読A「まねして音読」、B「見上げて音読」、D「瞬訳音読」の各パターンを実践すると、自然と頭に格納されていきます。

□	He is a famous author.	彼は有名な著述家です。
□	Ken likes to travel by himself.	ケンは一人旅が好きだ。
□	When will you complete your homework?	君たちはいつ宿題を終わらせるの？
□	I made a draft of my presentation.	私はプレゼンの草稿を作った。
□	He has been working for the publishing company for many years.	彼は長年その出版社に勤めている。
□	When can I get that response?	私はいつその回答をもらえますか。
□	The editor is checking my draft.	その編集者は私の原稿をチェックしている。
□	The concert was successful.	そのコンサートは成功した。
□	Translate this sentence into English.	この文を英語に翻訳しなさい。

それぞれの音読をしたら□にチェックマークを入れましょう。

□音読 A	まねして音読（リピーティング）
□音読 B	見上げて音読（リード・アンド・ルックアップ）
□音読 D1	瞬訳音読（英語から日本語への瞬間和訳）
□音読 D2	瞬訳音読（日本語から英語への瞬間英作文）

▶ 5分音読 D1 瞬訳音読（英語から日本語への瞬間和訳） 1回目

※詳しい方法は41ページを参照

表の右側（日本語）を手で隠し、英語を見て日本語に訳していきましょう。

5分間で目標とする音読回数	現在の英語力レベル	
0.5回	英検４級以下	TOEIC　　～200点
1回	英検３級	TOEIC 200～400点
1.5回	英検準２級	TOEIC 400～600点

□	J. K. Rowling	J・K・ローリング
□	J. K. Rowling is a British author.	J・K・ローリングはイギリスの著述家です。
□	She wrote *Harry Potter*,	彼女は『ハリー・ポッター』を書きました。
□	one of the most famous children's books	最も有名な子供向けの本の１つである
□	in history.	歴史上で
□	Her dream	彼女の夢は
□	since she was little	子供の頃からの
□	was to write a children's book.	子供向けの本を書くことでした。
□	She wrote her first short story	彼女は最初の短い物語を書きました。
□	when she was six.	6歳の時に
□	Rowling wrote the first *Harry Potter* book	ローリングは最初の『ハリー・ポッター』の本を書きました。
□	while she was taking care of her daughter	娘を育てながら

□	by herself.	自分一人で
□	She would write it after work	彼女は仕事の後、書いたものです。
□	while her daughter was sleeping.	娘が眠っている間に
□	When she completed the draft,	ローリングは原稿を完成させると
□	Rowling sent the book	本を送りました
□	to some publishing companies,	いくつかの出版社に
□	but she did not get a response	しかし彼女は返答をもらえませんでした。
□	for many months.	何ヵ月もの間
□	Eventually,	最終的には
□	one editor said	一人の編集者が言いました
□	that he would publish Rowling's book,	ローリングの本を出版したいと
□	because his daughter really loved the first chapter.	なぜなら彼の娘が最初の章をとても気に入ったからです。
□	*Harry Potter* was very successful.	『ハリー・ポッター』はとても成功しました。
□	It made lots of money	その本はたくさんのお金を生み出しました
□	and was translated	そして翻訳されました。
□	into over 75 languages.	75以上の言語に

5分間の音読回数を、52ページの「アルゴリズム音読記録表」に記録してください。これで第2ラウンド3日目が終了、このラウンドのアルゴリズムも75パーセントまで到達しました。明日はこのラウンドの仕上げです。

4日目	5分音読	1回目	月　　日 実施	記入しましょう！

第2ラウンドも最終日です！　1回目の音読は昨日と同じトレーニングです。

▶ 5分音読C　追っかけ音読（シャドーイング）　2回目

※詳しい方法は39ページを参照

音声を追いかけて、次の文章を音読しましょう。それが難しい場合には、再生速度を調整してみましょう。

5分間で目標とする音読回数	現在の英語力レベル	
1.5回	英検４級以下	TOEIC　～200点
2回	英検３級	TOEIC 200～400点
2.5回	英検準２級	TOEIC 400～600点

再生速度の目安
0.75倍

追っかけ音読２回目の今日は、英文ストックに意識を置き、一字一句見逃すことなく音読することに努めましょう。

J. K. Rowling

J. K. Rowling is a British author. She wrote *Harry Potter*, one of the most famous children's books in history. Her dream since she was little was to write a children's book. She wrote her first short story when she was six.

Rowling wrote the first *Harry Potter* book while she was taking care of her daughter by herself. She would write it after work while her daughter was sleeping. When she completed the draft, Rowling sent the book to some publishing companies, but she did not get a response for many months.

Eventually, one editor said that he would publish Rowling's book, because his daughter really loved the first chapter. *Harry Potter* was very successful. It made lots of money and was translated into over 75 languages.

5分間の音読回数を、52ページの「アルゴリズム音読記録表」に記録してください。ここで休憩を取りましょう。

▶10～20分休憩　タイマーのセットを忘れずに！

この間、次ページの**オプションコンテンツ4　ディクテーション**で、英文ストックにもれがないか、また、リエゾンなどの音の変化を再度確認してみましょう。

4日目　休憩時間のオプションコンテンツ

▶ オプションコンテンツ4　ディクテーション

取り組み　音声を聞いて、英文中の空欄に入る単語を埋めてみましょう。

もしスペル（つづり）が分からない場合、適当なスペルでもカタカナでもよいので書いてみましょう。

音声を止めずに進めてください。書いている間にどんどん進んでいってしまうので、自分にしか読めないような走り書きでもOKです。難しい場合は、再生速度を調整するなどしてみましょう。

慣れてくると、「ここに動詞が入るはずだ」、「前置詞が入るのでは？」、「この後ろに目的語が足りないな」などという語順感覚がつかめてきて、自然と次に来る要素が分かるようになります。

1度ですべて書き取れなかった場合は、何度かチャレンジしてみましょう。最終的に書き取れなかった単語があれば、その語だけでなくその語を含む1文を何度も音読してみましょう。

J. K. Rowling

J. K. Rowling is a British (   ). She wrote *Harry Potter*, one of the most (   ) children's books in history. Her dream since she was little was to (   ) a children's book. She wrote her first short story (   ) she was six.

Rowling wrote the first *Harry Potter* book while she was (   ) care of her daughter by herself. She would write (   ) after work while her daughter was sleeping. When she completed the draft, Rowling sent the book to some publishing companies, but she did not get (   ) response for many months.

Eventually, one editor said that he would publish Rowling's book, because his daughter (   ) loved the first chapter. *Harry Potter* was very successful. It made lots of money and was translated (   ) over 75 languages.

▶ 5分音読 D2 瞬訳音読（日本語から英語への瞬間英作文） 1回目

※詳しい方法は41ページを参照

ページの左側（英語）を手で隠し、日本語を見て英語に訳していきましょう。

5分間で目標とする音読回数	現在の英語力レベル	
0.5回	英検４級以下	TOEIC　　～200点
1回	英検３級	TOEIC 200～400点
1.5回	英検準２級	TOEIC 400～600点

□ J. K. Rowling	J・K・ローリング
□ J. K. Rowling is a British author.	J・K・ローリングはイギリスの著述家です。
□ She wrote *Harry Potter*,	彼女は『ハリー・ポッター』を書きました。
□ one of the most famous children's books	最も有名な子供向けの本の１つである
□ in history.	歴史上で
□ Her dream	彼女の夢は
□ since she was little	子供の頃からの
□ was to write a children's book.	子供向けの本を書くことでした。
□ She wrote her first short story	彼女は最初の短い物語を書きました。
□ when she was six.	６歳の時に
□ Rowling wrote the first *Harry Potter* book	ローリングは最初の『ハリー・ポッター』の本を書きました。
□ while she was taking care of her daughter	娘を育てながら

□	by herself.	自分一人で
□	She would write it after work	彼女は仕事の後、書いたものです。
□	while her daughter was sleeping.	娘が眠っている間に
□	When she completed the draft,	ローリングは原稿を完成させると
□	Rowling sent the book	本を送りました
□	to some publishing companies,	いくつかの出版社に
□	but she did not get a response	しかし彼女は返答をもらえませんでした。
□	for many months.	何ヵ月もの間
□	Eventually,	最終的には
□	one editor said	一人の編集者が言いました
□	that he would publish Rowling's book,	ローリングの本を出版したいと
□	because his daughter really loved the first chapter.	なぜなら彼の娘が最初の章をとても気に入ったからです。
□	*Harry Potter* was very successful.	『ハリー・ポッター』はとても成功しました。
□	It made lots of money	その本はたくさんのお金を生み出しました
□	and was translated	そして翻訳されました。
□	into over 75 languages.	75以上の言語に

5分間の音読回数を、52ページの「アルゴリズム音読記録表」に記録してください。これで第2ラウンド終了です。大変お疲れさまでした。明日からは第3ラウンドです。新しい英文を音読していきますので、気持ちをリフレッシュして取り組んでください！

第3ラウンド

Thai Fruit Art

を音読しよう！

1日目	5分音読	1回目	月	日 実施	記入しましょう!

▶ 5分音読A まねして音読(リピーティング) 

※詳しい方法は30ページを参照

音声に続いて、発音に注意しながら次の文章を音読しましょう。

5分間で目標とする音読回数	現在の英語力レベル	
0.5回	英検4級以下	TOEIC 〜200点
1回	英検3級	TOEIC 200〜400点
1.5回	英検準2級	TOEIC 400〜600点

Thai Fruit Art

The people of ❶Thailand have a traditional art that ❷involves fruit. Chefs in Thailand learn to cut fruit, such as watermelons, in interesting ways. They carefully cut a fruit ❸with a knife to make it look like a flower.

This ❹art of cutting fruit was very popular for many centuries, but its ❺popularity started to decline. Many people began to think the art is too old. Restaurants and hotels stopped displaying the fruit art on their tables.

However, the art has become popular again. Indeed, some expert Thai ❻chefs gained many fans on social ❼media after they showed pictures of their fruit art online. ❽These chefs hope to continue the tradition by sharing the art worldwide.

番号と下線のついた箇所は特に発音に注意すべきポイントです。次の説明に従って音読しましょう。

❶ Thailand

th [θ] は通常、上と下の前歯の間を少し空け、その間を舌の先で軽く触れるようにしながら発音しますが、Thailand [táɪlænd] の th は通常の t の発音です。語尾の d の部分に母音はないので、「ド」とは発音しません。つまり、「タイランド」ではなく「タイラン d」という感じで発音するとよいでしょう。

❷ involves

involve(s) [ɪnválv] に2つ含まれる v の発音は、上の歯を下唇に軽く当て、濁った音「ヴ」として発音します。また、l の音は、舌の先を上の歯の付け根にしっかりとくっつけて発音します。

❸ with

with [wið] の th [ð] の音は「ズ」と発音しがちですが、th [ð] は上と下の前歯の間を少し空け、その間を舌の先で軽く触れるようにしながら濁った音を出します。

❹ art of

「アート」「オブ」ではなく、art [árt] の t [t] と of [əv] の [ə]「(弱い) オ」が重なります。また、of の v の発音は、上の歯を下唇に軽く当て、濁った音「ヴ」として発音しますので、「アートヴ」という発音になります。

❺ popularity

popularity [pàpjəlǽrəti] には l と r の発音が混在しています。l の音は、舌の先を上の歯の付け根にしっかりとくっつけて発音し、r は、口の中で舌をどこにも触れさせずに発音します。

❻ chefs

通常、ch から始まる単語は chair [tʃέər] のように、「チェ」という発音になりますが、chef(s) [ʃéf] は「シェ」という発音です。また、f は上の歯を下唇に軽く当て、濁らない音「フ」と発音します。語尾は子音で終わるので、「シェ f」という発音になります。

❼ media

media [míːdiə] は「メディア」と発音しがちですが、me- [míː] は「メ」というより「ミー」という発音です。また、アクセントはこの「ミー」の部分にありますので、「**ミー**ディア」という発音になります。

❽ These

these [ðíːz] の th [ð] の音は「ジ」または「ズィ」と発音しがちですが、th [ð] は上と下の前歯の間を少し空け、その間を舌の先で軽く触れるようにしながら濁った音を出します。

5分間の音読回数を、52ページの「アルゴリズム音読記録表」に記録してください。ここで休憩を取りましょう。

▶10～20分休憩　タイマーのセットを忘れずに！

この間、次ページの**オプションコンテンツ1A　英文全訳とフレーズ対応訳**で、文章全体の流れと意味を把握しましょう。次に**オプションコンテンツ1B　単熟語リスト**で、意味の分からない語彙をしっかり押さえておきましょう。

1日目　休憩時間のオプションコンテンツ

オプションコンテンツに取り組むと「アルゴリズム音読」のパワーが最大限に発揮されます。頭に英文をどんどんストックしていきましょう。

▶ オプションコンテンツ1A　英文全訳とフレーズ対応訳

取り組み　音読した英文全体の意味を確認し、自分の理解と異なる箇所についてはフレーズ対応訳で見直しておきましょう。

全訳

タイの果物アート

タイの人々の間には、果物を取り入れた伝統的なアートがあります。タイのシェフは、果物、例えばスイカを面白い形に切ることを学びます。彼らはナイフを使って注意深く果物を切り、それを花のように見せます。

この果物を切るアートは、何世紀もの間とても人気でしたが、その人気は下がり始めました。多くの人々がそのアートは古すぎると思うようになったのです。レストランやホテルでは、テーブルの上に果物アートを展示するのをやめました。

しかし、アートは再び人気を獲得しました。実際のところ、タイの専門家のシェフがオンラインで彼らの果物アートの写真を見せたところ、ソーシャルメディアでたくさんのファンを得ました。このようなシェフたちは、アートを世界中で共有することによって、伝統を保ち続けたいと望んでいます。

フレーズ対応訳

☐	Thai Fruit Art	タイの果物アート
☐	The people of Thailand	タイの人々には
☐	have a traditional art	伝統的なアートがあります。

□	that involves fruit.	果物を取り入れた
□	Chefs in Thailand learn	タイのシェフは〜を学びます。
□	to cut fruit,	果物を切ることを
□	such as watermelons,	例えばスイカ
□	in interesting ways.	面白い形に
□	They carefully cut a fruit with a knife	彼らはナイフを使って注意深く果物を切る
□	to make it look like a flower.	それを花のように見せるために
□	This art of cutting fruit	この果物を切るアートは
□	was very popular	とても人気でしたが、
□	for many centuries,	何世紀もの間
□	but its popularity started to decline.	その人気は下がり始めました。
□	Many people began	多くの人々が〜を始めました。
□	to think the art is too old.	そのアートは古すぎると思うこと
□	Restaurants and hotels stopped	レストランやホテルはやめました。
□	displaying the fruit art	果物アートを展示するのを
□	on their tables.	テーブルの上に
□	However,	しかし、
□	the art has become popular again.	アートは再び人気を得ました。
□	Indeed,	実際のところ、
□	some expert Thai chefs gained many fans	タイの専門家のシェフはたくさんのファンを得ました。
□	on social media	ソーシャルメディアで
□	after they showed pictures of their fruit art online.	オンラインで彼らの果物アートの写真を見せた後、

□	These chefs hope	このようなシェフたちは～を望んでいます。
□	to continue the tradition	伝統を保ち続けること
□	by sharing the art worldwide.	アートを世界中で共有することによって、

▶ オプションコンテンツ1B　単熟語リスト

音読していて意味が分からなかったり、あやふやだったりした単語を、ここで確認しておきましょう。これらの単語を頭に入れると、さらに音読の効果が高まります。

□	Thai	名 タイ国民、タイ語　形 タイ王国の
□	Thailand	名 タイ王国
□	traditional	形 伝統的な
□	involve	動 巻き込む
□	watermelon	名 スイカ
□	popularity	名 人気
□	decline	動 下降する
□	display	動 展示する
□	indeed	副 実際に
□	gain	動 得る
□	social media	名 ソーシャルメディア

1日目	5分音読	2回目	月　日 実施　記入しましょう!

▶ 5分音読B 見上げて音読（リード・アンド・ルックアップ）

※詳しい方法は36ページを参照

ここでは音声を聞きません。スラッシュで区切られたフレーズごとに英文を見て頭に入れます。その後、英文から目を離し、天井などを見上げながらフレーズを口から出しましょう。本からいったん目を離してルックアップする（見上げる）のがポイントで、このとき英文が脳内に格納されていきます。

5分間で目標とする音読回数	現在の英語力レベル	
0.5回	英検4級以下	TOEIC　　～200点
1回	英検3級	TOEIC 200～400点
1.5回	英検準2級	TOEIC 400～600点

Thai Fruit Art

The people of Thailand / have a traditional art / that involves fruit. // Chefs in Thailand learn / to cut fruit, / such as watermelons, / in interesting ways. // They carefully cut a fruit with a knife / to make it look like a flower. //

This art of cutting fruit / was very popular / for many centuries, / but its popularity started to decline. // Many people began / to think the art is too old. // Restaurants and hotels stopped / displaying the fruit art / on their tables. //

However, / the art has become popular again. // Indeed, / some expert Thai chefs gained many fans / on social media / after they showed pictures of their fruit art online. // These chefs hope / to continue the tradition / by sharing the art worldwide. //

5分間の音読回数を、52ページの「アルゴリズム音読記録表」に記録してください。これで第3ラウンド1日目の終了です。お疲れさまでした。また明日、10分間の「アルゴリズム音読」で、英語のスキルを伸ばしていきましょう。

2日目	5分音読	1回目	月　日 実施	記入しましょう!

1日目と同じトレーニングですが、2日目なので音読できる回数が増えているかもしれませんね。

▶ 5分音読A　まねして音読（リピーティング）（2回目）

※詳しい方法は30ページを参照

音声に続いて、発音に注意しながら次の文章を音読しましょう。

5分間で目標とする音読回数	現在の英語力レベル	
1回	英検４級以下	TOEIC　　～200点
1.5回	英検３級	TOEIC 200～400点
2回	英検準２級	TOEIC 400～600点

Thai Fruit Art

The people of ❶Thailand have a traditional art that ❷involves fruit. Chefs in Thailand learn to cut fruit, such as watermelons, in interesting ways. They carefully cut a fruit ❸with a knife to make it look like a flower.

This ❹art of cutting fruit was very popular for many centuries, but its ❺popularity started to decline. Many people began to think the art is too old. Restaurants and hotels stopped displaying the fruit art on their tables.

However, the art has become popular again. Indeed, some expert Thai ❻chefs gained many fans on social ❼media after they showed pictures of their fruit art online. ❽These chefs hope to continue the tradition by sharing the art worldwide.

番号と下線のついた箇所は特に発音に注意すべきポイントです。次の説明に従って音読しましょう。

❶ Thailand

th [θ] は通常、上と下の前歯の間を少し空け、その間を舌の先で軽く触れるようにしながら発音しますが、Thailand [táɪlænd] の th は通常の t の発音です。語尾の d の部分に母音はないので、「ド」とは発音しません。つまり、「タイランド」ではなく「タイラン d」という感じで発音するとよいでしょう。

❷ involves

involve(s) [ɪnválv] に2つ含まれる v の発音は、上の歯を下唇に軽く当て、濁った音「ヴ」として発音します。また、l の音は、舌の先を上の歯の付け根にしっかりとくっつけて発音します。

❸ with

with [wið] の th [ð] の音は「ズ」と発音しがちですが、th [ð] は上と下の前歯の間を少し空け、その間を舌の先で軽く触れるようにしながら濁った音を出します。

❹ art of

「アート」「オブ」ではなく、art [árt] の t [t] と of [əv] の [ə]「(弱い) オ」が重なります。また、of の v の発音は、上の歯を下唇に軽く当て、濁った音「ヴ」として発音しますので、「アートヴ」という発音になります。

❺ popularity

popularity [pàpjəlǽrəti] には l と r の発音が混在しています。l の音は、舌の先を上の歯の付け根にしっかりとくっつけて発音し、r は、口の中で舌をどこにも触れさせずに発音します。

❻ chefs

通常、ch から始まる単語は chair [tʃέər] のように、「チェ」という発音になりますが、chef(s) [ʃéf] は「シェ」という発音です。また、f は上の歯を下唇に軽く当て、濁らない音「フ」と発音します。語尾は子音で終わるので、「シェ f」という発音になります。

❼ media

media [mí:diə] は「メディア」と発音しがちですが、me- [mí:] は「メ」というより「ミー」という発音です。また、アクセントはこの「ミー」の部分にありますので、「**ミー**ディア」という発音になります。

❽ These

these [ðí:z] の th [ð] の音は「ジ」または「ズィ」と発音しがちですが、th [ð] は上と下の前歯の間を少し空け、その間を舌の先で軽く触れるようにしながら濁った音を出します。

5分間の音読回数を、52ページの「アルゴリズム音読記録表」に記録してください。1日目と比べて、伸びを実感してみましょう。ここで休憩を取りましょう。

▶10～20分休憩　タイマーのセットを忘れずに！

この間、次の**オプションコンテンツ2　文構造・文法解説**で、文法に意識を向けながらカタマリごとの意味をしっかり押さえておきましょう。

2日目　休憩時間のオプションコンテンツ

オプションコンテンツに取り組むと「アルゴリズム音読」のパワーが最大限に発揮されます。頭に英文をどんどんストックしていきましょう。

▶オプションコンテンツ2　文構造・文法解説

取り組み　文法解説は本書で扱う中心的な内容ではありません。しかし、「英語の文構造を意識した語順感覚」を身につけるにあたり、文構造や文法に意識を向けるために簡単に解説しています。英文中の表現が気になったら、文法書などで調べてみましょう。

Thai Fruit Art

The people of Thailand have **a traditional art that involves**
関係代名詞 which
の先行詞

fruit. Chefs in Thailand learn **to cut fruit**, **such as**
不定詞「〜すること」

watermelons, in interesting ways. They carefully cut a fruit with a knife **to make it look like a flower**.
不定詞「〜するために」 make O 動詞の原形「O に〜させる」

This art of **cutting fruit** was very popular for many centuries,
動名詞「〜すること」

but its popularity started **to decline**.
不定詞「〜すること」

Many people began **to think the art is too old**. Restaurants
不定詞「〜すること」

and hotels stopped **displaying the fruit art on their tables**.
動名詞「〜すること」

However, the art has become popular again. Indeed, some expert Thai chefs gained many fans on social media after they showed pictures of their fruit art online. These chefs hope **to continue the tradition** by **sharing the art worldwide**.
不定詞「〜すること」 動名詞「〜すること」

2日目	5分音読	2回目	月　日 実施	記入しましょう!

▶ 5分音読 B　見上げて音読（リード・アンド・ルックアップ）　2回目

※詳しい方法は36ページを参照

ここでは音声を聞きません。スラッシュで区切られたフレーズごとに英文を見て頭に入れます。その後、英文から目を離し、天井などを見上げながらフレーズを口から出しましょう。本からいったん目を離してルックアップする（見上げる）のがポイントで、このとき英文が脳内に格納されていきます。

２回目の今日は、**オプションコンテンツ２　文構造・文法解説**に記した文構造や文法を意識すると、より効果が高まります。

5分間で目標とする音読回数	現在の英語力レベル	
0.5回	英検４級以下	TOEIC 　～200点
1回	英検３級	TOEIC 200～400点
1.5回	英検準２級	TOEIC 400～600点

Thai Fruit Art

The people of Thailand / have a traditional art / that involves fruit. // Chefs in Thailand learn / to cut fruit, / such as watermelons, / in interesting ways. // They carefully cut a fruit with a knife / to make it look like a flower. //

This art of cutting fruit / was very popular / for many centuries, / but its popularity started to decline. // Many people began / to think the art is too old. // Restaurants and hotels stopped / displaying the fruit art / on their tables. //

However, / the art has become popular again. // Indeed, / some expert Thai chefs gained many fans / on social media / after they showed pictures of their fruit art online. // These chefs hope / to continue the tradition / by sharing the art worldwide. //

5分間の音読回数を、52ページの「アルゴリズム音読記録表」に記録してください。これで第3ラウンド2日目の終了です。同じ英文をくり返し読むことで、英文が頭に入ってきているはずです。明日も「アルゴリズム音読」を続けましょう。

3日目	5分音読	1回目	月　日 実施	記入しましょう!

今日は、1、2日目とは異なるトレーニングを行います。英語音声を止めることなく、追いかけるように次の文章を音読しましょう。それが難しい場合は、再生速度を調整してみましょう。

▶ 5分音読 C　追っかけ音読（シャドーイング）

※詳しい方法は39ページを参照

5分間で目標とする音読回数	現在の英語力レベル	
1.5回	英検4級以下	TOEIC　～200点
2回	英検3級	TOEIC 200～400点
2.5回	英検準2級	TOEIC 400～600点

再生速度の目安
0.5倍

追っかけ音読1回目の今日は発音に意識を置き、聞こえてくる音声をできるだけ再現しながら音読することに努めましょう。

Thai Fruit Art

The people of Thailand have a traditional art that involves fruit. Chefs in Thailand learn to cut fruit, such as watermelons, in interesting ways. They carefully cut a fruit with a knife to make it look like a flower.

This art of cutting fruit was very popular for many centuries, but its popularity started to decline. Many people began to think the art is too old. Restaurants and hotels stopped displaying the fruit art on their tables.

However, the art has become popular again. Indeed, some expert Thai chefs gained many fans on social media after they showed pictures of their fruit art online. These chefs hope to continue the tradition by sharing the art worldwide.

5分間の音読回数を、52ページの「アルゴリズム音読記録表」に記録してください。ここで休憩を取りましょう。

▶**10～20分休憩　タイマーのセットを忘れずに！**

この間、次ページの**オプションコンテンツ3　単語ストック**で、単語力を鍛えましょう。

3日目 休憩時間のオプションコンテンツ

▶ オプションコンテンツ3 単語ストック

取り組み 1日目の**オプションコンテンツ1B 単熟語リスト**に出てきた単語を、今日は英文の中で覚えましょう。丸暗記ではなく、5分音読A「まねして音読」、B「見上げて音読」、D「瞬訳音読」の各パターンを実践すると、自然と頭に格納されていきます。

□	There's a nice Thai restaurant in my town.	私の町にはおいしいタイ料理のレストランがある。
□	One of my friends is from Thailand.	私の友人の一人はタイ出身です。
□	Karate is a traditional Japanese sport.	空手は日本の伝統的なスポーツだ。
□	I was involved in the accident.	私はその事故に巻き込まれた。
□	Watermelons are my favorite food.	スイカは私の好物だ。
□	The singer's popularity is falling.	その歌手の人気は落ちてきている。
□	The power of the machine slowly declined.	その機械のパワーは徐々に衰えた。
□	The cup was displayed in a special cabinet.	そのカップは特別な棚に陳列されていた。
□	He is, indeed, a hard worker.	彼は実に勉強家だ。
□	Joe has gained weight.	ジョーは太った。
□	The child knows how to use social media well.	その子供はソーシャルメディアの使い方をよく知っている。

それぞれの音読をしたら□にチェックマークを入れましょう。

□**音読 A**	まねして音読(リピーティング)
□**音読 B**	見上げて音読(リード・アンド・ルックアップ)
□**音読 D1**	瞬訳音読(英語から日本語への瞬間和訳)
□**音読 D2**	瞬訳音読(日本語から英語への瞬間英作文)

▶ 5分音読 D1 瞬訳音読（英語から日本語への瞬間和訳） 1回目

※詳しい方法は41ページを参照

表の右側（日本語）を手で隠し、英語を見て日本語に訳していきましょう。

5分間で目標とする音読回数	現在の英語力レベル	
0.5回	英検４級以下	TOEIC ～200点
1回	英検３級	TOEIC 200～400点
1.5回	英検準２級	TOEIC 400～600点

□ Thai Fruit Art	タイの果物アート
□ The people of Thailand	タイの人々には
□ have a traditional art	伝統的なアートがあります。
□ that involves fruit.	果物を取り入れた
□ Chefs in Thailand learn	タイのシェフは～を学びます。
□ to cut fruit,	果物を切ることを
□ such as watermelons,	例えばスイカ
□ in interesting ways.	面白い形に
□ They carefully cut a fruit with a knife	彼らはナイフを使って注意深く果物を切る
□ to make it look like a flower.	それを花のように見せるために
□ This art of cutting fruit	この果物を切るアートは
□ was very popular	とても人気でしたが、
□ for many centuries,	何世紀もの間
□ but its popularity started to decline.	その人気は下がり始めました。

□	Many people began	多くの人々が～を始めました。
□	to think the art is too old.	そのアートは古すぎると思うこと
□	Restaurants and hotels stopped	レストランやホテルはやめました。
□	displaying the fruit art	果物アートを展示するのを
□	on their tables.	テーブルの上に
□	However,	しかし、
□	the art has become popular again.	アートは再び人気を得ました。
□	Indeed,	実際のところ、
□	some expert Thai chefs gained many fans	タイの専門家のシェフはたくさんのファンを得ました。
□	on social media	ソーシャルメディアで
□	after they showed pictures of their fruit art online.	オンラインで彼らの果物アートの写真を見せた後、
□	These chefs hope	このようなシェフたちは～を望んでいます。
□	to continue the tradition	伝統を保ち続けること
□	by sharing the art worldwide.	アートを世界中で共有することによって、

5分間の音読回数を、52ページの「アルゴリズム音読記録表」に記録してください。これで第3ラウンド3日目が終了、このラウンドのアルゴリズムも75パーセントまで到達しました。明日はこのラウンドの仕上げです。

4日目	5分音読	1回目	月　日 実施	記入しましょう!

第3ラウンドも最終日です！　1回目の音読は昨日と同じトレーニングです。

▶ 5分音読 C　追っかけ音読（シャドーイング）　2回目

※詳しい方法は39ページを参照

音声を追いかけて、次の文章を音読しましょう。それが難しい場合には、再生速度を調整してみましょう。

5分間で目標とする音読回数	現在の英語力レベル	
1.5回	英検4級以下	TOEIC　～200点
2回	英検3級	TOEIC 200～400点
2.5回	英検準2級	TOEIC 400～600点

再生速度の目安
0.75倍

追っかけ音読2回目の今日は、英文ストックに意識を置き、一字一句見逃すことなく音読することに努めましょう。

Thai Fruit Art

The people of Thailand have a traditional art that involves fruit. Chefs in Thailand learn to cut fruit, such as watermelons, in interesting ways. They carefully cut a fruit with a knife to make it look like a flower.

This art of cutting fruit was very popular for many centuries, but its popularity started to decline. Many people began to think the art is too old. Restaurants and hotels stopped displaying the fruit art on their tables.

However, the art has become popular again. Indeed, some expert Thai chefs gained many fans on social media after they showed pictures of their fruit art online. These chefs hope to continue the tradition by sharing the art worldwide.

5分間の音読回数を、52ページの「アルゴリズム音読記録表」に記録してください。ここで休憩を取りましょう。

▶**10〜20分休憩　タイマーのセットを忘れずに！**

この間、次ページの**オプションコンテンツ4　ディクテーション**で、英文ストックにもれがないか、また、リエゾンなどの音の変化を再度確認してみましょう。

4日目　休憩時間のオプションコンテンツ

▶ オプションコンテンツ4　ディクテーション

取り組み　音声を聞いて、英文中の空欄に入る単語を埋めてみましょう。

もしスペル（つづり）が分からない場合、適当なスペルでもカタカナでもよいので書いてみましょう。

音声を止めずに進めてください。書いている間にどんどん進んでいってしまうので、自分にしか読めないような走り書きでもOKです。難しい場合は、再生速度を調整するなどしてみましょう。

慣れてくると、「ここに動詞が入るはずだ」、「前置詞が入るのでは？」、「この後ろに目的語が足りないな」などという語順感覚がつかめてきて、自然と次に来る要素が分かるようになります。

1度ですべて書き取れなかった場合は、何度かチャレンジしてみましょう。最終的に書き取れなかった単語があれば、その語だけでなくその語を含む1文を何度も音読してみましょう。

Thai Fruit Art

The people of Thailand have a traditional art that ( ) fruit. Chefs in Thailand learn to cut fruit, such as watermelons, ( ) interesting ways. They carefully cut a fruit ( ) a knife to make it look like a flower.

This art of cutting fruit ( ) very popular for many centuries, but its popularity started to decline. Many people began to ( ) the art is too old. Restaurants and hotels stopped ( ) the fruit art on their tables.

However, the art has ( ) popular again. Indeed, some expert Thai chefs gained many fans on social ( ) after they showed pictures of their fruit art online. These chefs ( ) to continue the tradition by sharing the art worldwide.

▶ 5分音読 D2 瞬訳音読（日本語から英語への瞬間英作文） 1回目

※詳しい方法は41ページを参照

ページの左側（英語）を手で隠し、日本語を見て英語に訳していきましょう。

5分間で目標とする音読回数	現在の英語力レベル	
0.5回	英検4級以下	TOEIC 〜200点
1回	英検3級	TOEIC 200〜400点
1.5回	英検準2級	TOEIC 400〜600点

□ Thai Fruit Art	タイの果物アート
□ The people of Thailand	タイの人々には
□ have a traditional art	伝統的なアートがあります。
□ that involves fruit.	果物を取り入れた
□ Chefs in Thailand learn	タイのシェフは〜を学びます。
□ to cut fruit,	果物を切ることを
□ such as watermelons,	例えばスイカ
□ in interesting ways.	面白い形に
□ They carefully cut a fruit with a knife	彼らはナイフを使って注意深く果物を切る
□ to make it look like a flower.	それを花のように見せるために
□ This art of cutting fruit	この果物を切るアートは
□ was very popular	とても人気でしたが、
□ for many centuries,	何世紀もの間
□ but its popularity started to decline.	その人気は下がり始めました。

□	Many people began	多くの人々が～を始めました。
□	to think the art is too old.	そのアートは古すぎると思うこと
□	Restaurants and hotels stopped	レストランやホテルはやめました。
□	displaying the fruit art	果物アートを展示するのを
□	on their tables.	テーブルの上に
□	However,	しかし、
□	the art has become popular again.	アートは再び人気を得ました。
□	Indeed,	実際のところ、
□	some expert Thai chefs gained many fans	タイの専門家のシェフはたくさんのファンを得ました。
□	on social media	ソーシャルメディアで
□	after they showed pictures of their fruit art online.	オンラインで彼らの果物アートの写真を見せた後、
□	These chefs hope	このようなシェフたちは～を望んでいます。
□	to continue the tradition	伝統を保ち続けること
□	by sharing the art worldwide.	アートを世界中で共有することによって、

5分間の音読回数を、52ページの「アルゴリズム音読記録表」に記録してください。これで第3ラウンド終了です。大変お疲れさまでした。明日からは第4ラウンドです。新しい英文を音読していきますので、気持ちをリフレッシュして取り組んでください！

Column 3

モチベーション

学習をする上で、モチベーションは必ずキーワードとなってきます。モチベーションがなければ学習は続きませんし、いくらよい勉強法を知っていたとしても、続かないとその効果は得られません。

一般的にモチベーションには、「外発的モチベーション」と「内発的モチベーション」があると言われています。「外発的モチベーション」とは、「報酬」や「罰」のような、外からの圧力によるモチベーションです。具体的に言うと、「合格したらゲームを買ってあげる」という報酬や、「合格しないとお小遣い減らすよ」という罰によるものです。一方「内発的モチベーション」は、自分の内部に湧き上がる興味や関心から来るものです。好きなことはいつまでも続けられたり、理解が早かったりするものですよね。

「外発的モチベーション」と「内発的モチベーション」には、それぞれ特徴があります。「外発的モチベーション」は即効性が高いが、持続性が低いと言われています。「合格したらゲームを買ってあげる」と言われたら、すぐにモチベーションは上がるでしょうが、そのモチベーションは続きにくいのです。

一方「内発的モチベーション」は即効性が低いが、持続性は高いと言われています。何かの物事に興味、関心を抱くようになるには時間がかかります。しかし、一度好きになったものに対しては自ら関わりたいという気持ちが湧き、継続していけるものです。外発的モチベーションと内発的モチベーションにはそれぞれ一長一短ありますので、うまく組み合わせることが重要です。

英語学習を行う場合、これらのモチベーションはどのように組み合わせたらよいのでしょうか。

外発的モチベーションとして、英検のある級に合格すると何か買ってもらえる（または自分へのごほうびとして何かを買う）という設定をすれば、まずモチベーションが上がるでしょう。内発的モチベーションとしては、「達成感」がキーになります。達成感を得られるようになると、やっていることが楽しくなります。

では、どのようにすれば達成感を得られるのでしょうか。これには、長期的と短期的、両方の目標を立てることをおすすめします。長期的な目標、例えば「1年後に英検２級に合格する」などの具体的な目標を立てれば、学習の到達点（ゴール）が明確になり、前述の通り、戦略を立てやすくなります。短期的目標とは、もっと短いスパン、例えば英検が実施される４ヵ月ごとのスコア目標であったり、さらにそれを４つに区切った1ヵ月ごとの目標であったりします。

一つ一つのステップを細かく区切ることにより、より達成しやすいゴールができるので、達成感を得やすくなります。

とはいえ、英語学習を行っていてもなかなか結果が出ないこともあります。ここで覚えておいてほしい言葉があります。「成長はS字カーブ」と言われています。これは、どのようなことについても言えます。

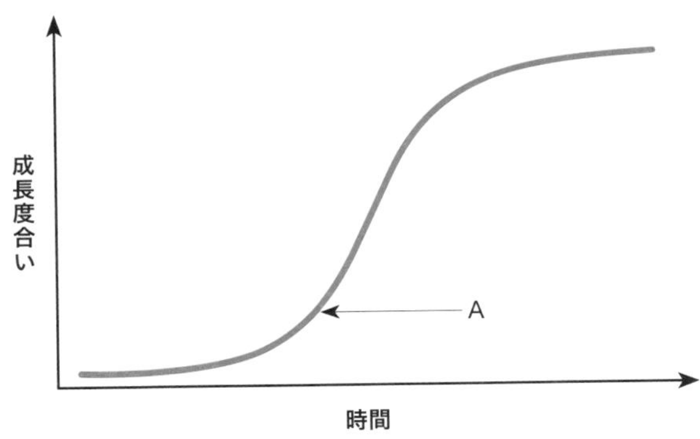

このカーブの左側のように、初めのうちは時間をかけてもなかなか成長が見られないものです。しかし、ある点(図のA)に到達した時、急に成長を遂げるようになります。

すべての「成長」がこのようなカーブを描くと言われています。英語学習においても、初めは単語や文法などの知識、発音やリスニングなどのスキルがまだ十分でなく、それが体系立って身についていません。それがだんだんと自分のものになってきてA点に達すると、雪だるま式に成長していくことになります。この時「英語ができるようになってきた！」と感じるわけです。

このS字カーブについて大事なのは、「初めはどうしても伸びを感じづらい」ということと、「正しい方法で地道にやっていれば、A点に達した時に急な成長が見られる」ということを覚えておくことです。「この先に成長が待っている」と思えば、たゆまず学習を続けていくことができるものです。

第4ラウンド

The Origin of Emoji

を音読しよう！

1日目	5分音読	1回目	月	日 実施	記入しましょう!

▶ 5分音読A まねして音読（リピーティング） 1回目

※詳しい方法は30ページを参照

音声に続いて、発音に注意しながら次の文章を音読しましょう。

5分間で目標とする音読回数	現在の英語力レベル	
1回	英検４級以下	TOEIC　～200点
1.5回	英検３級	TOEIC 200～400点
2回	英検準２級	TOEIC 400～600点

The Origin of Emoji

Many people use emoji—small pictures—when they write messages to friends using a ❶ smartphone. Just writing words sometimes cannot show emotion ❷ properly, so they are important for communication among friends.

In the ❸ 1980s, when the internet was new, some American scientists started using symbols to show a smiling face. They did this to make sure that people would not misunderstand jokes as real facts.

The emoji ❹ used in phones and computers today were ❺ invented by a Japanese engineer in the 1990s. In those days, phone messages could only send 250 characters at a time, so using emoji ❻ instead of words saved a lot of space. His invention was introduced to Japanese phones in ❼ 1999 and ❽ eventually became popular worldwide.

番号と下線のついた箇所は特に発音に注意すべきポイントです。次の説明に従って音読しましょう。

❶ smartphone

smartphone [smάrtfəun] の ph は f の音です。f は上の歯を下唇に軽く当て、濁らない音「フ」と発音します。

❷ properly

properly [prάpərli] の pro- の部分の r の音は「ロ」と発音しがちですが、口の中で舌をどこにも触れさせずに発音します。-ly の l の音は、舌の先を上の歯の付け根にしっかりとくっつけて発音します。一つの単語に r と l の音が混在するので、発音し分けられるようになりましょう。

❸ 1980s

年代の読み方は、2桁−2桁です。前半2桁は19- [nàintíːn] ですので、「ナインティーン」ではなく、「ナイン**ティーン**」と後ろにアクセントを置きます。後半2桁は -80 [éɪti] ですので、「エイティ」ではなく「**エイ**ティ」と前にアクセントを置きます。-teen と -ty はしっかりと発音し分けられないと、相手に伝わりませんので、しっかりとアクセントの位置を意識しましょう。語尾にある s は年代を表し、1980s で「1980年代」の意味です。「ナイン**ティーン**・**エイ**ティーズ」と発音します。

❹ used in

「ユーズド」「イン」ではなく、used [júːzd] の d [d] と in [in] の [i]「イ」がつながり、「ユーズディン」という発音になります。

❺ invented

Invent [ɪnvént] の v の発音は、上の歯を下唇に軽く当て、濁った音「ヴ」として発音しましょう。

❻ instead of

「インステッド」「オブ」ではなく、instead [instéd] の d [d] と of [əv] の [ə]「(弱い) オ」がつながり、また v の発音は、上の歯を下唇に軽く当て、濁った音「ヴ」とするため、「インステッドヴ」という音になります。

❼ 1999

前半2桁は19- [nàintíːn] ですので、「ナインティーン」ではなく、「ナイン**ティーン**」と後ろにアクセントを置きます。後半2桁は-99 [nàinti náin] ですので、「ナインティナイン」ではなく「ナインティ**ナイン**」と後ろにアクセントを置きます。

「ナイン**ティーン**・ナインティ**ナイン**」となります。

❽ eventually

eventually [ivéntʃuəli] の v の音は、上の歯を下唇に軽く当て、濁った音「ヴ」として発音します。語尾の -lly の ll の音は l の発音と同様で、舌の先を上の歯の付け根にしっかりとくっつけて発音します。

5分間の音読回数を、52ページの「アルゴリズム音読記録表」に記録してください。ここで休憩を取りましょう。

▶10～20分休憩　タイマーのセットを忘れずに！

この間、次の**オプションコンテンツ1A　英文全訳とフレーズ対応訳**で、文章全体の流れと意味を把握しましょう。その次に**オプションコンテンツ1B　単熟語リスト**で、意味の分からない語彙をしっかり押さえておきましょう。

1日目　休憩時間のオプションコンテンツ

オプションコンテンツに取り組むと「アルゴリズム音読」のパワーが最大限に発揮されます。頭に英文をどんどんストックしていきましょう。

▶ オプションコンテンツ1A　英文全訳とフレーズ対応訳

取り組み　音読した英文全体の意味を確認し、自分の理解と異なる箇所についてはフレーズ対応訳で見直しておきましょう。

全訳

絵文字の起源

多くの人が絵文字――小さな絵で表した文字――をスマートフォンで友人たちにメッセージを書く時に使っています。言葉を書くだけでは正しく感情が伝わらないことがあるので、絵文字は友人間でコミュニケーションを取る時には大切です。

1980年代にインターネットが新しかった頃、アメリカの科学者は記号を使って笑っている顔を表すようにしました。こうすることにより、彼らは人々が冗談を事実として誤解してしまわないようにしました。

今日、電話やコンピューターで使われている絵文字は、1990年代に日本人のエンジニアによって発明されました。当時、携帯電話のメッセージは一度に250文字しか送れなかったので、言葉の代わりに絵文字を使うことでたくさんのスペースを節約することができました。彼の発明は1999年に日本の携帯電話に導入され、最終的には世界中で普及しました。

フレーズ対応訳

□ The Origin of Emoji	絵文字の起源
□ Many people use emoji	多くの人が絵文字を使っています。
□ —small pictures—	――小さな絵（で表した文字）――
□ when they write messages	メッセージを書く時に
□ to friends	友人たちに
□ using a smartphone.	スマートフォンを使って
□ Just writing words	言葉を書くことだけだと
□ sometimes cannot show emotion properly,	時々、正しく感情が示すことができない
□ so they are important	だからそれら（絵文字）は大切です。
□ for communication among friends.	友人間でコミュニケーションを取る時に

□	In the 1980s,	1980年代に
□	when the internet was new,	インターネットが新しかった頃、
□	some American scientists started	アメリカの科学者は～を始めました。
□	using symbols	記号を使うこと
□	to show a smiling face.	笑っている顔を表すために
□	They did this	彼らはこれ(記号を使うこと)をしました。
□	to make sure	～を確実にするために
□	that people would not misunderstand jokes	人々が冗談を誤解してしまわないこと
□	as real facts.	事実として
□	The emoji	絵文字は
□	used in phones and computers today	今日、電話やコンピューターで使われている
□	were invented by a Japanese engineer	日本人のエンジニアによって発明されました。
□	in the 1990s.	1990年代に
□	In those days,	当時は
□	phone messages could only send 250 characters	携帯電話のメッセージが250文字しか送れなかった
□	at a time,	一度に
□	so using emoji	だから絵文字を使うことは
□	instead of words	言葉の代わりに
□	saved a lot of space.	たくさんのスペースを節約することができました。
□	His invention was introduced	彼の発明は導入された

□	to Japanese phones	日本の携帯電話に
□	in 1999	1999年に
□	and eventually became popular worldwide.	最終的には世界中で普及しました。

▶ オプションコンテンツ1B 単熟語リスト

音読していて意味が分からなかったり、あやふやだったりした単語を、ここで確認しておきましょう。これらの単語を頭に入れると、さらに音読の効果が高まります。

□	origin	名 起源
□	emoji	名 絵文字
□	emotion	名 感情
□	properly	副 正しく
□	symbol	名 記号、シンボル
□	misunderstand	動 誤解する
□	invent	動 発明する
□	in those days	当時
□	instead of	～の代わりに
□	eventually	副 最終的には
□	worldwide	副 世界中に

1日目	5分音読	2回目	月　日 実施 記入しましょう!

▶ 5分音読B 見上げて音読（リード・アンド・ルックアップ）

1回目

※詳しい方法は36ページを参照

ここでは音声を聞きません。スラッシュで区切られたフレーズごとに英文を見て頭に入れます。その後、英文から目を離し、天井などを見上げながらフレーズを口から出しましょう。本からいったん目を離してルックアップする（見上げる）のがポイントで、このとき英文が脳内に格納されていきます。

5分間で目標とする音読回数	現在の英語力レベル	
0.5回	英検４級以下	TOEIC　～200点
1回	英検３級	TOEIC 200～400点
1.5回	英検準２級	TOEIC 400～600点

The Origin of Emoji

Many people use emoji / —small pictures— / when they write messages / to friends / using a smartphone. // Just writing words / sometimes cannot show emotion properly, / so they are important / for communication among friends. //

In the 1980s, / when the internet was new, / some American scientists started / using symbols / to show a smiling face. // They did this / to make sure / that people would not misunderstand jokes / as real facts. //

The emoji / used in phones and computers today / were invented by a Japanese engineer / in the 1990s. // In those days, / phone messages could only send 250 characters / at a time, / so using emoji / instead of words / saved a lot of space. // His invention was introduced / to Japanese phones / in 1999 / and eventually became popular worldwide. //

5分間の音読回数を、52ページの「アルゴリズム音読記録表」に記録してください。これで第4ラウンド1日目の終了です。お疲れさまでした。また明日、10分間の「アルゴリズム音読」で、英語のスキルを伸ばしていきましょう。

2日目	5分音読	1回目	月　日 実施	記入しましょう!

1日目と同じトレーニングですが、2日目なので音読できる回数が増えているかもしれませんね。

▶ 5分音読A まねして音読（リピーティング） 2回目

※詳しい方法は30ページを参照

音声に続いて、発音に注意しながら次の文章を音読しましょう。

5分間で目標とする音読回数	現在の英語力レベル	
1回	英検4級以下	TOEIC 〜200点
1.5回	英検3級	TOEIC 200〜400点
2回	英検準2級	TOEIC 400〜600点

The Origin of Emoji

Many people use emoji—small pictures—when they write messages to friends using a ❶smartphone. Just writing words sometimes cannot show emotion ❷properly, so they are important for communication among friends.

In the ❸1980s, when the internet was new, some American scientists started using symbols to show a smiling face. They did this to make sure that people would not misunderstand jokes as real facts.

The emoji ❹used in phones and computers today were ❺invented by a Japanese engineer in the 1990s. In those days, phone messages could only send 250 characters at a time, so using emoji ❻instead of words saved a lot of space. His invention was introduced to Japanese phones in ❼1999 and ❽eventually became popular worldwide.

番号と下線のついた箇所は特に発音に注意すべきポイントです。次の説明に従って音読しましょう。

❶ smartphone

smartphone [smártfəun] の ph は f の音です。f は上の歯を下唇に軽く当て、濁らない音「フ」と発音します。

❷ properly

properly [prápərli] の pro- の部分の r の音は「ロ」と発音しがちですが、口の中で舌をどこにも触れさせずに発音します。-ly の l の音は、舌の先を上の歯の付け根にしっかりとくっつけて発音します。一つの単語に r と l の音が混在するので、発音し分けられるようになりましょう。

❸ 1980s

年代の読み方は、2桁−2桁です。前半2桁は19- [nàintí:n] ですので、「ナインティーン」ではなく、「ナイン**ティーン**」と後ろにアクセントを置きます。後半2桁は -80 [éɪti] ですので、「エイティ」ではなく「**エイ**ティ」と前にアクセントを置きます。-teen と -ty はしっかりと発音し分けられないと、相手に伝わりませんので、しっかりとアクセントの位置を意識しましょう。語尾にある s は年代を表し、1980s で「1980年代」の意味です。「ナイン**ティーン**・**エイ**ティーズ」と発音します。

❹ used in

「ユーズド」「イン」ではなく、used [jú:zd] の d [d] と in [in] の [i]「イ」がつながり、「ユーズディン」という発音になります。

❺ invented

Invent [ɪnvént] の v の発音は、上の歯を下唇に軽く当て、濁った音「ヴ」として発音しましょう。

❻ instead of

「インステッド」「オブ」ではなく、instead [instéd] の d [d] と of [əv] の [ə]「(弱い) オ」がつながり、また v の発音は、上の歯を下唇に軽く当て、濁った音「ヴ」とするため、「インステッドヴ」という音になります。

❼ 1999

前半2桁は19- [nàintí:n] ですので、「ナインティーン」ではなく、「ナイン**ティーン**」と後ろにアクセントを置きます。後半2桁は-99 [nàinti náin] ですので、「ナインティナイン」ではなく「ナインティ**ナイン**」と後ろにアクセントを置きます。

「ナイン**ティーン**・ナインティ**ナイン**」となります。

❽ eventually

eventually [ivéntʃuəli] の v の音は、上の歯を下唇に軽く当て、濁った音「ヴ」として発音します。語尾の -lly の ll の音は l の発音と同様で、舌の先を上の歯の付け根にしっかりとくっつけて発音します。

5分間の音読回数を、52ページの「アルゴリズム音読記録表」に記録してください。1日目と比べて、伸びを実感してみましょう。ここで休憩を取りましょう。

▶ 10～20分休憩　タイマーのセットを忘れずに！

この間、次の**オプションコンテンツ２　文構造・文法解説**で、文法に意識を向けながらカタマリごとの意味をしっかり押さえておきましょう。

2日目　休憩時間のオプションコンテンツ

オプションコンテンツに取り組むと「アルゴリズム音読」のパワーが最大限に発揮されます。頭に英文をどんどんストックしていきましょう。

▶ オプションコンテンツ２　文構造・文法解説

取り組み　文法解説は本書で扱う中心的な内容ではありません。しかし、「英語の文構造を意識した語順感覚」を身につけるにあたり、文構造や文法に意識を向けるために簡単に解説しています。英文中の表現が気になったら、文法書などで調べてみましょう。

The Origin of Emoji

Many people use emoji—small pictures— [when they write
ダッシュ（—）
（文の途中に挿入語句を追加し、直前の語句に情報を補足）
messages to **friends** **using a smartphone**]. Just **writing**
動名詞「～すること」
現在分詞「～している」
words sometimes cannot show emotion properly, so they are important for communication among friends.

In the 1980s, when the internet was new, some American scientists started **using** symbols **to show a smiling face**.
動名詞「～すること」 不定詞「～するために」
They did **this** **to make sure [that people would not**
不定詞「～するために」
make sure that 「～であることを確認する」
misunderstand jokes as real facts].

The **emoji** **used in phones and computers today**
過去分詞「～された」
were invented by a Japanese engineer in the 1990s.
受動態〈be + 過去分詞〉
In those days, phone messages could only send 250 characters at a time, so **using** emoji **instead of words** saved
動名詞「～すること」
a lot of space. His invention **was introduced** to Japanese
受動態〈be + 過去分詞〉
phones in 1999 and eventually became popular worldwide.

2日目	5分音読	2回目	月　日 実施	記入しましょう!

▶ 5分音読B　見上げて音読（リード・アンド・ルックアップ）

※詳しい方法は36ページを参照

ここでは音声を聞きません。スラッシュで区切られたフレーズごとに英文を見て頭に入れます。その後、英文から目を離し、天井などを見上げながらフレーズを口から出しましょう。本からいったん目を離してルックアップする（見上げる）のがポイントで、このとき英文が脳内に格納されていきます。

2回目の今日は、**オプションコンテンツ2　文構造・文法解説**に記した文構造や文法を意識すると、より効果が高まります。

5分間で目標とする音読回数	現在の英語力レベル	
0.5回	英検4級以下	TOEIC　～200点
1回	英検3級	TOEIC 200～400点
1.5回	英検準2級	TOEIC 400～600点

The Origin of Emoji

Many people use emoji / —small pictures— / when they write messages / to friends / using a smartphone. // Just writing words / sometimes cannot show emotion properly, / so they are important / for communication among friends. //

In the 1980s, / when the internet was new, / some American scientists started / using symbols / to show a smiling face. // They did this / to make sure / that people would not misunderstand jokes / as real facts. //

The emoji / used in phones and computers today / were invented by a Japanese engineer / in the 1990s. // In those days, / phone messages could only send 250 characters / at a time, / so using emoji / instead of words / saved a lot of space. // His invention was introduced / to Japanese phones / in 1999 / and eventually became popular worldwide. //

5分間の音読回数を、52ページの「アルゴリズム音読記録表」に記録してください。これで第4ラウンド2日目の終了です。同じ英文をくり返し読むことで、英文が頭に入ってきているはずです。明日も「アルゴリズム音読」を続けましょう。

3日目	5分音読	1回目	月　日 実施　記入しましょう!

今日は、1、2日目とは異なるトレーニングを行います。英語音声を止めることなく、追いかけるように次の文章を音読しましょう。それが難しい場合は、再生速度を調整してみましょう。

▶ 5分音読 C　追っかけ音読（シャドーイング）

※詳しい方法は39ページを参照

5分間で目標とする音読回数	現在の英語力レベル	
1.5回	英検4級以下	TOEIC 　　～200点
2回	英検3級	TOEIC 200～400点
2.5回	英検準2級	TOEIC 400～600点

再生速度の目安
0.5倍

追っかけ音読1回目の今日は発音に意識を置き、聞こえてくる音声をできるだけ再現しながら音読することに努めましょう。

The Origin of Emoji

Many people use emoji—small pictures—when they write messages to friends using a smartphone. Just writing words sometimes cannot show emotion properly, so they are important for communication among friends.

In the 1980s, when the internet was new, some American scientists started using symbols to show a smiling face. They did this to make sure that people would not misunderstand jokes as real facts.

The emoji used in phones and computers today were invented by a Japanese engineer in the 1990s. In those days, phone messages could only send 250 characters at a time, so using emoji instead of words saved a lot of space. His invention was introduced to Japanese phones in 1999 and eventually became popular worldwide.

5分間の音読回数を、52ページの「アルゴリズム音読記録表」に記録してください。ここで休憩を取りましょう。

▶10～20分休憩　タイマーのセットを忘れずに！

この間、次ページの**オプションコンテンツ3　単語ストック**で、単語力を鍛えましょう。

3日目 休憩時間のオプションコンテンツ

▶ オプションコンテンツ3 単語ストック

取り組み 1日目の**オプションコンテンツ1B 単熟語リスト**に出てきた単語を、今日は英文の中で覚えましょう。丸暗記ではなく、5分音読A「まねして音読」、B「見上げて音読」、D「瞬訳音読」の各パターンを実践すると、自然と頭に格納されていきます。

□	Let me tell you about the origin of rugby.	ラグビーの起源についてお話ししましょう。
□	Emoji became a part of popular culture	絵文字はポップカルチャーの一部になりました。
□	She can't control her emotions.	彼女は自分の感情を抑えることができません。
□	Brush your teeth properly before going to bed.	寝る前にはちゃんと歯を磨きなさい。
□	A flag is a symbol of the nation.	旗は国家のシンボルです。
□	Please don't misunderstand me.	私のことを誤解しないでください。
□	Who invented karaoke?	誰がカラオケを発明したの？
□	In those days, I was a student.	当時、私は学生でした。
□	Play outside instead of playing video games.	テレビゲームをする代わりに、外で遊びなさい。
□	If you eat a lot, you'll eventually get fat.	たくさん食べれば、結局は太ってしまいます。
□	Honda cars are seen worldwide	ホンダの車は世界中で見られます。

それぞれの音読をしたら□にチェックマークを入れましょう。

□**音読A**	まねして音読（リピーティング）
□**音読B**	見上げて音読（リード・アンド・ルックアップ）
□**音読D1**	瞬訳音読（英語から日本語への瞬間和訳）
□**音読D2**	瞬訳音読（日本語から英語への瞬間英作文）

▶ 5分音読 D1　瞬訳音読（英語から日本語への瞬間和訳）　1回目

※詳しい方法は41ページを参照

表の右側（日本語）を手で隠し、英語を見て日本語に訳していきましょう。

5分間で目標とする音読回数	現在の英語力レベル	
0.5回	英検４級以下	TOEIC　～200点
1回	英検３級	TOEIC 200～400点
1.5回	英検準２級	TOEIC 400～600点

□	The Origin of Emoji	絵文字の起源
□	Many people use emoji	多くの人が絵文字を使っています。
□	—small pictures—	――小さな絵（で表した文字）――
□	when they write messages	メッセージを書く時に
□	to friends	友人たちに
□	using a smartphone.	スマートフォンを使って
□	Just writing words	言葉を書くことだけだと
□	sometimes cannot show emotion properly,	時々、正しく感情が示すことができない
□	so they are important	だからそれら（絵文字）は大切です。
□	for communication among friends.	友人間でコミュニケーションを取る時に
□	In the 1980s,	1980年代に
□	when the internet was new,	インターネットが新しかった頃、
□	some American scientists started	アメリカの科学者は～を始めました。
□	using symbols	記号を使うこと

□	to show a smiling face.	笑っている顔を表すために
□	They did this	彼らはこれ(記号を使うこと)をしました。
□	to make sure	～を確実にするために
□	that people would not misunderstand jokes	人々が冗談を誤解してしまわないこと
□	as real facts.	事実として
□	The emoji	絵文字は
□	used in phones and computers today	今日電話やコンピューターで使われている
□	were invented by a Japanese engineer	日本人のエンジニアによって発明されました。
□	in the 1990s.	1990年代に
□	In those days,	当時は
□	phone messages could only send 250 characters	携帯電話のメッセージが250文字しか送れなかった
□	at a time,	一度に
□	so using emoji	だから絵文字を使うことは
□	instead of words	言葉の代わりに
□	saved a lot of space.	たくさんのスペースを節約することができました。
□	His invention was introduced	彼の発明は導入された
□	to Japanese phones	日本の携帯電話に
□	in 1999	1999年に
□	and eventually became popular worldwide.	最終的には世界中で普及しました。

5分間の音読回数を、52ページの「アルゴリズム音読記録表」に記録してください。これで第4ラウンド3日目が終了、このラウンドのアルゴリズムも75パーセントまで到達しました。明日はこのラウンドの仕上げです。

4日目	5分音読	1回目	月	日 実施	記入しましょう!

第4ラウンドも最終日です！ 1回目の音読は昨日と同じトレーニングです。

▶ 5分音読C 追っかけ音読（シャドーイング） 2回目

※詳しい方法は39ページを参照

音声を追いかけて、次の文章を音読しましょう。それが難しい場合には、再生速度を調整してみましょう。

5分間で目標とする音読回数	現在の英語力レベル	
1.5回	英検4級以下	TOEIC ～200点
2回	英検3級	TOEIC 200～400点
2.5回	英検準2級	TOEIC 400～600点

再生速度の目安
0.75倍

追っかけ音読2回目の今日は、英文ストックに意識を置き、一字一句見逃すことなく音読することに努めましょう。

The Origin of Emoji

Many people use emoji—small pictures—when they write messages to friends using a smartphone. Just writing words sometimes cannot show emotion properly, so they are important for communication among friends.

In the 1980s, when the internet was new, some American scientists started using symbols to show a smiling face. They did this to make sure that people would not misunderstand jokes as real facts.

The emoji used in phones and computers today were invented by a Japanese engineer in the 1990s. In those days, phone messages could only send 250 characters at a time, so using emoji instead of words saved a lot of space. His invention was introduced to Japanese phones in 1999 and eventually became popular worldwide.

5分間の音読回数を、52ページの「アルゴリズム音読記録表」に記録してください。ここで休憩を取りましょう。

▶ **10～20分休憩　タイマーのセットを忘れずに！**

この間、次ページの**オプションコンテンツ4　ディクテーション**で、英文ストックにもれがないか、また、リエゾンなどの音の変化を再度確認してみましょう。

4日目　休憩時間のオプションコンテンツ

▶ オプションコンテンツ4　ディクテーション

取り組み　音声を聞いて、英文中の空欄に入る単語を埋めてみましょう。

もしスペル（つづり）が分からない場合、適当なスペルでもカタカナでもよいので書いてみましょう。

音声を止めずに進めてください。書いている間にどんどん進んでいってしまうので、自分にしか読めないような走り書きでもOKです。難しい場合は、再生速度を調整するなどしてみましょう。

慣れてくると、「ここに動詞が入るはずだ」、「前置詞が入るのでは？」、「この後ろに目的語が足りないな」などという語順感覚がつかめてきて、自然と次に来る要素が分かるようになります。

1度ですべて書き取れなかった場合は、何度かチャレンジしてみましょう。最終的に書き取れなかった単語があれば、その語だけでなくその語を含む1文を何度も音読してみましょう。

The Origin of Emoji

Many people use emoji—small pictures—( ) they write messages to friends using a smartphone. Just writing words sometimes cannot show ( ) properly, so they are important for communication among friends.

In the 1980s, when the internet was new, some American scientists started ( ) symbols to show a smiling face. They did this to make sure that people would not misunderstand jokes ( ) real facts.

The emoji used in phones and computers today were ( ) by a Japanese engineer in the 1990s. In those days, phone messages could only send 250 characters at a time, so using emoji ( ) of words saved a lot of space. His invention was ( ) to Japanese phones in 1999 and eventually became popular worldwide.

▶ 5分音読 D2 瞬訳音読（日本語から英語への瞬間英作文） 1回目

※詳しい方法は41ページを参照

ページの左側（英語）を手で隠し、日本語を見て英語に訳していきましょう。

5分間で目標とする音読回数	現在の英語力レベル	
0.5回	英検４級以下	TOEIC ～200点
1回	英検３級	TOEIC 200～400点
1.5回	英検準２級	TOEIC 400～600点

□	The Origin of Emoji	絵文字の起源
□	Many people use emoji	多くの人が絵文字を使っています。
□	—small pictures—	——小さな絵（で表した文字）——
□	when they write messages	メッセージを書く時に
□	to friends	友人たちに
□	using a smartphone.	スマートフォンを使って
□	Just writing words	言葉を書くことだけだと
□	sometimes cannot show emotion properly,	時々、正しく感情が示すことができない
□	so they are important	だからそれら（絵文字）は大切です。
□	for communication among friends.	友人間でコミュニケーションを取る時に
□	In the 1980s,	1980年代に
□	when the internet was new,	インターネットが新しかった頃、
□	some American scientists started	アメリカの科学者は～を始めました。

□	using symbols	記号を使うこと
□	to show a smiling face.	笑っている顔を表すために
□	They did this	彼らはこれ(記号を使うこと)をしました。
□	to make sure	～を確実にするために
□	that people would not misunderstand jokes	人々が冗談を誤解してしまわないこと
□	as real facts.	事実として
□	The emoji	絵文字は
□	used in phones and computers today	今日、電話やコンピューターで使われている
□	were invented by a Japanese engineer	日本人のエンジニアによって発明されました。
□	in the 1990s.	1990年代に
□	In those days,	当時は
□	phone messages could only send 250 characters	携帯電話のメッセージが250文字しか送れなかった
□	at a time,	一度に
□	so using emoji	だから絵文字を使うことは
□	instead of words	言葉の代わりに
□	saved a lot of space.	たくさんのスペースを節約することができました。
□	His invention was introduced	彼の発明は導入された
□	to Japanese phones	日本の携帯電話に
□	in 1999	1999年に
□	and eventually became popular worldwide.	最終的には世界中で普及しました。

５分間の音読回数を、52ページの「アルゴリズム音読記録表」に記録してください。これで第４ラウンド終了です。大変お疲れさまでした。明日からは第５ラウンドです。新しい英文を音読していきますので、気持ちをリフレッシュして取り組んでください！

第5ラウンド

Bees and Almond Milk

を音読しよう！

1日目	5分音読	1回目	月	日 実施	記入しましょう!

▶ 5分音読A まねして音読（リピーティング）

※詳しい方法は30ページを参照

音声に続いて、発音に注意しながら次の文章を音読しましょう。

5分間で目標とする音読回数	現在の英語力レベル	
1回	英検４級以下	TOEIC 　　～200点
1.5回	英検３級	TOEIC 200～400点
2回	英検準２級	TOEIC 400～600点

Bees and Almond Milk

Many people around the world are looking for ❶<u>alternatives</u> to common foods, so ❷<u>almond</u> milk has become more popular. Almonds are a kind of nut. Milk from almonds has fewer calories than cow's milk, so more and more people ❸<u>drink it</u> for their ❹<u>health</u>.

However, farmers have discovered that the high demand for almond milk is ❺<u>actually</u> harming bees. Many bees now work harder than before to make the almond milk. In addition, the farmers also use chemicals on the almonds, and this is making the bees ❻<u>sick</u>.

Many people are trying to find solutions that do not hurt the bees. Many plants need the help of bees, so they must be protected for the ❼<u>environment</u>.

番号と下線のついた箇所は特に発音に注意すべきポイントです。次の説明に従って音読しましょう。

❶ alternatives

alternative(s) [ɔ:ltə́rnətiv] の al- の l の音は、舌の先を上の歯の付け根にしっかりとくっつけて発音します。また、v の音を、上の歯を下唇に軽く当て、濁った音「ヴ」として発音することにも意識を置きましょう。

❷ almond

almond [ɑ́:mənd] の l は発音しません。また、d の後ろに母音はありませんので、「アーモンド」[ɑ́:məndo] という発音ではなく、「アーモン d」[ɑ́:mənd] となります。

❸ drink it

「ドリンク」「イット」ではなく、drink [dríŋk] の k [k] と it [it] の [i]「イ」がつながり、「ドリンキット」という発音になります。

❹ health

health [hélθ] の th [θ] の音は「ス」と発音しがちですが、上と下の前歯の間を少し空け、その間を舌の先で軽く触れるようにしながら濁らない音を出します。

❺ actually

actually [ǽktʃuəli] の l の音は、舌の先を上の歯の付け根にしっかりとくっつけて発音します。

❻ sick

sick [sík] の s の音は「シ」と発音しがちですが、その音は ship などで使われる [ʃ] の音です。[s] の音は濁らず、「スィ」のような音なので、sick は「スィック」という発音になります。

❼ environment

environment [enváiərəmənt] の v の音は、上の歯を下唇に軽く当て、濁った音「ヴ」として発音します。また、この i は「イ」はなく「アイ」の音です。そして n はほとんど発音せず、語尾の t の後ろに母音はありません。「エンビロンメント」ではなく「インヴァイラメン t」となります。注意すべき音が多い単語なので、気をつけて練習しましょう。

5分間の音読回数を、52ページの「アルゴリズム音読記録表」に記録してください。ここで休憩を取りましょう。

▶ **10～20分休憩　タイマーのセットを忘れずに！**

この間、次の**オプションコンテンツ1A　英文全訳とフレーズ対応訳**で、文章全体の流れと意味を把握しましょう。その次に**オプションコンテンツ1B　単熟語リスト**で、意味の分からない語彙をしっかり押さえておきましょう。

1日目　休憩時間のオプションコンテンツ

オプションコンテンツに取り組むと「アルゴリズム音読」のパワーが最大限に発揮されます。頭に英文をどんどんストックしていきましょう。

▶ オプションコンテンツ1A　英文全訳とフレーズ対応訳

取り組み　音読した英文全体の意味を確認し、自分の理解と異なる箇所についてはフレーズ対応訳で見直しておきましょう。

全訳

ミツバチとアーモンドミルク

世界中の多くの人々が一般的な食べ物に取って代わるものを探しているので、アーモンドミルクの人気が高まっています。アーモンドはナッツの一種です。アーモンドから作られるミルクは牛乳よりもカロリーが低く、ますます多くの人が健康のために飲むようになっています。

しかし、農場経営者たちは、アーモンドミルクへの高い需要が実はミツバチに害を与えていることを発見しました。多くのミツバチが今アーモンドミルクを作るために、前よりもハードに働いています。さらに、農場経営者たちはアーモンドに農薬を使っていて、それがミツバチの健康を害しているのです。

多くの人々が、ミツバチに害を与えないための解決策を見つけようとしています。多くの植物がミツバチの助けを必要としているので、環境のためにも彼らは守られなければならないのです。

フレーズ対応訳

□	Bees and Almond Milk	ミツバチとアーモンドミルク
□	Many people around the world	世界中の多くの人々が
□	are looking for alternatives	代わるものを探している、
□	to common foods,	一般的な食べ物に
□	so almond milk has become more popular.	だからアーモンドミルクはより人気になっています。
□	Almonds are a kind of nut.	アーモンドはナッツの一種です。
□	Milk from almonds has fewer calories	アーモンドから作られるミルクはよりカロリーが少ない
□	than cow's milk,	牛乳と比べて
□	so more and more people drink it	だからますます多くの人がそれを飲むようになっています。
□	for their health.	健康のために
□	However,	しかし、
□	farmers have discovered	農場経営者たちは～を発見しました。
□	that the high demand for almond milk	アーモンドミルクへの高い需要が
□	is actually harming bees.	実はミツバチに害を与えていること
□	Many bees now work harder	多くのミツバチはより一生懸命に働いています。
□	than before	前よりも、
□	to make the almond milk.	今アーモンドミルクを作るために
□	In addition,	さらに、
□	the farmers also use chemicals	農場経営者は農薬を使う
□	on the almonds,	アーモンドに

□	and this is making the bees sick.	これがミツバチを病気にさせています。
□	Many people are trying	多くの人々は～をしようとしています。
□	to find solutions	解決策を見つけること
□	that do not hurt the bees.	ミツバチを傷つけない
□	Many plants need the help of bees,	多くの植物はミツバチの助けが必要だ
□	so they must be protected	なので、彼らは守られなければならないのです。
□	for the environment.	環境のために

▶ オプションコンテンツ1B 単熟語リスト

音読していて意味が分からなかったり、あやふやだったりした単語を、ここで確認しておきましょう。これらの単語を頭に入れると、さらに音読の効果が高まります。

□	almond	名 アーモンド
□	alternative	名 代わりとなるもの
□	common	形 一般の
□	calories	名 カロリー
□	demand	名 需要
□	harm	動 害を与える
□	in addition	さらに
□	chemicals	名 化学物質、農薬
□	solution	名 解決策
□	environment	名 環境

1日目	5分音読	2回目	月	日 実施	記入しましょう!

▶ 5分音読 B　見上げて音読（リード・アンド・ルックアップ）　1回目

※詳しい方法は36ページを参照

ここでは音声を聞きません。スラッシュで区切られたフレーズごとに英文を見て頭に入れます。その後、英文から目を離し、天井などを見上げながらフレーズを口から出しましょう。本からいったん目を離してルックアップする（見上げる）のがポイントで、このとき英文が脳内に格納されていきます。

5分間で目標とする音読回数	現在の英語力レベル	
0.5回	英検4級以下	TOEIC　～200点
1回	英検3級	TOEIC 200～400点
1.5回	英検準2級	TOEIC 400～600点

Bees and Almond Milk

Many people around the world / are looking for alternatives / to common foods, / so almond milk has become more popular. // Almonds are a kind of nut. // Milk from almonds has fewer calories / than cow's milk, / so more and more people drink it / for their health. //

However, / farmers have discovered / that the high demand for almond milk / is actually harming bees. // Many bees now work harder / than before / to make the almond milk. // In addition, / the farmers also use chemicals / on the almonds, / and this is making the bees sick. //

Many people are trying / to find solutions / that do not hurt the bees. // Many plants need the help of bees, / so they must be protected / for the environment. //

5分間の音読回数を、52ページの「アルゴリズム音読記録表」に記録してください。これで第5ラウンド1日目の終了です。お疲れさまでした。また明日、10分間の「アルゴリズム音読」で、英語のスキルを伸ばしていきましょう。

2日目	5分音読	1回目	月	日 実施	記入しましょう!

1日目と同じトレーニングですが、2日目なので音読できる回数が増えているかもしれませんね。

▶ 5分音読A まねして音読（リピーティング） 2回目

※詳しい方法は30ページを参照

音声に続いて、発音に注意しながら次の文章を音読しましょう。

5分間で目標とする音読回数	現在の英語力レベル	
1回	英検4級以下	TOEIC 〜200点
1.5回	英検3級	TOEIC 200〜400点
2回	英検準2級	TOEIC 400〜600点

Bees and Almond Milk

Many people around the world are looking for ❶alternatives to common foods, so ❷almond milk has become more popular. Almonds are a kind of nut. Milk from almonds has fewer calories than cow's milk, so more and more people ❸drink it for their ❹health.

However, farmers have discovered that the high demand for almond milk is ❺actually harming bees. Many bees now work harder than before to make the almond milk. In addition, the farmers also use chemicals on the almonds, and this is making the bees ❻sick.

Many people are trying to find solutions that do not hurt the bees. Many plants need the help of bees, so they must be protected for the ❼environment.

番号と下線のついた箇所は特に発音に注意すべきポイントです。次の説明に従って音読しましょう。

❶ alternatives

alternative(s) [ɔ:ltə́rnətiv] の al- の l の音は、舌の先を上の歯の付け根にしっかりとくっつけて発音します。また、v の音を、上の歯を下唇に軽く当て、濁った音「ヴ」として発音することにも意識を置きましょう。

❷ almond

almond [á:mənd] の l は発音しません。また、d の後ろに母音はありませんので、「アーモンド」[á:məndo] という発音ではなく、「アーモン d」[á:mənd] となります。

❸ drink it

「ドリンク」「イット」ではなく、drink [dríŋk] の k [k] と it [it] の [i]「イ」がつながり、「ドリンキット」という発音になります。

❹ health

health [hélθ] の th [θ] の音は「ス」と発音しがちですが、上と下の前歯の間を少し空け、その間を舌の先で軽く触れるようにしながら濁らない音を出します。

❺ actually

actually [ǽktʃuəli] の l の音は、舌の先を上の歯の付け根にしっかりとくっつけて発音します。

❻ sick

sick [sík] の s の音は「シ」と発音しがちですが、その音は ship などで使われる [ʃ] の音です。[s] の音は濁らず、「スィ」のような音なので、sick は「スィック」という発音になります。

❼ environment

environment [enváiərəmənt] の v の音は、上の歯を下唇に軽く当て、濁った音「ヴ」として発音します。また、この i は「イ」はなく「アイ」の音です。そして n はほとんど発音せず、語尾の t の後ろに母音はありません。「エンビロンメント」ではなく「インヴァイラメン t」となります。注意すべき音が多い単語なので、気をつけて練習しましょう。

5分間の音読回数を、52ページの「アルゴリズム音読記録表」に記録してください。1日目と比べて、伸びを実感してみましょう。ここで休憩を取りましょう。

▶10～20分休憩　タイマーのセットを忘れずに！

この間、次の**オプションコンテンツ2　文構造・文法解説**で、文法に意識を向けながらカタマリごとの意味をしっかり押さえておきましょう。

2日目　休憩時間のオプションコンテンツ

▶オプションコンテンツ2　文構造・文法解説

取り組み　文法解説は本書で扱う中心的な内容ではありません。しかし、「英語の文構造を意識した語順感覚」を身につけるにあたり、文構造や文法に意識を向けるために簡単に解説しています。英文中の表現が気になったら、文法書などで調べてみましょう。

Bees and Almond Milk

Many people around the world **are looking for** alternatives
現在進行形〈be + ~ing〉「～を探している」
to common foods, so almond milk has become more popular. Almonds are a kind of nut. Milk from almonds has **fewer** calories than cow's milk, so **more and more** people
less / fewer　～ than ...「…より少ない～」　more and more ～「ますます多くの～」
drink it for their health.

However, farmers **have discovered** [that the high demand for almond milk is actually harming bees].
現在完了「～した」
[ ] は that で始まる名詞節で have discovered の目的語「～すること」

Many bees now work **harder than** before **to make the almond milk**. In addition, the farmers also use chemicals on the almonds, and this is making the bees sick.
～er（比較級）than …「…より～だ」
不定詞「～するために」

Many people **are trying to find solutions** [that do not hurt the bees]. Many plants need the help of bees, so they **must be protected** for the environment.
現在進行形〈be + ～ ing〉「～しようとしている」
不定詞「～すること」
関係代名詞 that の先行詞
助動詞＋受動態〈be + 過去分詞〉

2日目	5分音読	2回目	月	日 実施	記入しましょう!

▶ 5分音読B 見上げて音読(リード・アンド・ルックアップ) 2回目

※詳しい方法は36ページを参照

ここでは音声を聞きません。スラッシュで区切られたフレーズごとに英文を見て頭に入れます。その後、英文から目を離し、天井などを見上げながらフレーズを口から出しましょう。本からいったん目を離してルックアップする(見上げる)のがポイントで、このとき英文が脳内に格納されていきます。

2回目の今日は、**オプションコンテンツ2　文構造・文法解説**に記した文構造や文法を意識すると、より効果が高まります。

5分間で目標とする音読回数	現在の英語力レベル	
0.5回	英検4級以下	TOEIC 〜200点
1回	英検3級	TOEIC 200〜400点
1.5回	英検準2級	TOEIC 400〜600点

Bees and Almond Milk

Many people around the world / are looking for alternatives / to common foods, / so almond milk has become more popular. // Almonds are a kind of nut. // Milk from almonds has fewer calories / than cow's milk, / so more and more people drink it / for their health. //

However, / farmers have discovered / that the high demand for almond milk / is actually harming bees. // Many bees now work harder / than before / to make the almond milk. // In addition, / the farmers also use chemicals / on the almonds, / and this is making the bees sick. //

Many people are trying / to find solutions / that do not hurt the bees. // Many plants need the help of bees, / so they must be protected / for the environment. //

5分間の音読回数を、52ページの「アルゴリズム音読記録表」に記録してください。これで第5ラウンド2日目の終了です。同じ英文をくり返し読むことで、英文が頭に入ってきているはずです。明日も「アルゴリズム音読」を続けましょう。

3日目	5分音読	1回目	月　日 実施 記入しましょう！

今日は、1、2日目とは異なるトレーニングを行います。英語音声を止めることなく、追いかけるように次の文章を音読しましょう。それが難しい場合は、再生速度を調整してみましょう。

▶ 5分音読C 追っかけ音読（シャドーイング） 

※詳しい方法は39ページを参照

5分間で目標とする音読回数	現在の英語力レベル	
1.5回	英検4級以下	TOEIC ～200点
2回	英検3級	TOEIC 200～400点
2.5回	英検準2級	TOEIC 400～600点

再生速度の目安
0.5倍

追っかけ音読1回目の今日は発音に意識を置き、聞こえてくる音声をできるだけ再現しながら音読することに努めましょう。

Bees and Almond Milk

Many people around the world are looking for alternatives to common foods, so almond milk has become more popular. Almonds are a kind of nut. Milk from almonds has fewer calories than cow's milk, so more and more people drink it for their health.

However, farmers have discovered that the high demand for almond milk is actually harming bees. Many bees now work harder than before to make the almond milk. In addition, the farmers also use chemicals on the almonds, and this is making the bees sick.

Many people are trying to find solutions that do not hurt the bees. Many plants need the help of bees, so they must be protected for the environment.

5分間の音読回数を、52ページの「アルゴリズム音読記録表」に記録してください。ここで休憩を取りましょう。

▶**10～20分休憩　タイマーのセットを忘れずに！**

この間、次ページの**オプションコンテンツ3　単語ストック**で、単語力を鍛えましょう。

▶ オプションコンテンツ3 単語ストック

取り組み 1日目の**オプションコンテンツ1B 単熟語リスト**に出てきた単語を、今日は英文の中で覚えましょう。丸暗記ではなく、5分音読A「まねして音読」、B「見上げて音読」、D「瞬訳音読」の各パターンを実践すると、自然と頭に格納されていきます。

□	I like to eat almonds.	アーモンドを食べるのが好きです。
□	We looked for an alternative way.	私たちは別の方法を探しました。
□	This food has become quite common.	この食べ物は今では当たり前になっています。
□	Japanese foods are lower in calories than Western foods.	和食は洋食よりカロリーが低い。
□	Sorry, we cannot meet your demands.	すみませんがご要望には応じられません。
□	The bees will not harm you.	そのハチは危害を加えません。
□	In addition, I have to take an exam.	加えて、私はテストを受けなければなりません。
□	The water contained harmful chemicals.	その水には毒性のある化学物質が含まれていました。
□	Can you think of any solution?	何か解決策が思い浮かぶ？
□	The factory is polluting the environment.	その工場は環境を汚染しています。

それぞれの音読をしたら□にチェックマークを入れましょう。

□**音読A**	まねして音読（リピーティング）
□**音読B**	見上げて音読（リード・アンド・ルックアップ）
□**音読D1**	瞬訳音読（英語から日本語への瞬間和訳）
□**音読D2**	瞬訳音読（日本語から英語への瞬間英作文）

3日目	5分音読	2回目	月　　日 実施	記入しましょう!

▶ 5分音読 D1 瞬訳音読（英語から日本語への瞬間和訳） 1回目

※詳しい方法は41ページを参照

表の右側（日本語）を手で隠し、英語を見て日本語に訳していきましょう。

5分間で目標とする音読回数	現在の英語力レベル	
0.5回	英検４級以下	TOEIC　～200点
1回	英検３級	TOEIC 200～400点
1.5回	英検準２級	TOEIC 400～600点

□	Bees and Almond Milk	ミツバチとアーモンドミルク
□	Many people around the world	世界中の多くの人々が
□	are looking for alternatives	代わるものを探している、
□	to common foods,	一般的な食べ物に
□	so almond milk has become more popular.	だからアーモンドミルクはより人気になっています。
□	Almonds are a kind of nut.	アーモンドはナッツの一種です。
□	Milk from almonds has fewer calories	アーモンドから作られるミルクはよりカロリーが少ない
□	than cow's milk,	牛乳と比べて
□	so more and more people drink it	だからますます多くの人がそれを飲むようになっています。
□	for their health.	健康のために
□	However,	しかし、
□	farmers have discovered	農場経営者たちは～を発見しました。
□	that the high demand for almond milk	アーモンドミルクへの高い需要が

□	is actually harming bees.	実はミツバチに害を与えていること
□	Many bees now work harder	多くのミツバチはより一生懸命に働いています。
□	than before	前よりも、
□	to make the almond milk.	今アーモンドミルクを作るために
□	In addition,	さらに、
□	the farmers also use chemicals	農場経営者は農薬を使う
□	on the almonds,	アーモンドに
□	and this is making the bees sick.	これがミツバチを病気にさせています。
□	Many people are trying	多くの人々は〜をしようとしています。
□	to find solutions	解決策を見つけること
□	that do not hurt the bees.	ミツバチを傷つけない
□	Many plants need the help of bees,	多くの植物はミツバチの助けが必要だ
□	so they must be protected	なので、彼らは守られなければならないのです。
□	for the environment.	環境のために

5分間の音読回数を、52ページの「アルゴリズム音読記録表」に記録してください。これで第5ラウンド3日目が終了、このラウンドのアルゴリズムも75パーセントまで到達しました。明日はこのラウンドの仕上げです。

4日目	5分音読	1回目	月　日 実施	記入しましょう!

第5ラウンドも最終日です！　1回目の音読は昨日と同じトレーニングです。

▶ 5分音読C　追っかけ音読（シャドーイング）　2回目

※詳しい方法は39ページを参照

音声を追いかけて、次の文章を音読しましょう。それが難しい場合には、再生速度を調整してみましょう。

5分間で目標とする音読回数	現在の英語力レベル	
1.5回	英検4級以下	TOEIC　～200点
2回	英検3級	TOEIC 200～400点
2.5回	英検準2級	TOEIC 400～600点

再生速度の目安
0.75倍

追っかけ音読2回目の今日は、英文ストックに意識を置き、一字一句見逃すことなく音読することに努めましょう。

Bees and Almond Milk

Many people around the world are looking for alternatives to common foods, so almond milk has become more popular. Almonds are a kind of nut. Milk from almonds has fewer calories than cow's milk, so more and more people drink it for their health.

However, farmers have discovered that the high demand for almond milk is actually harming bees. Many bees now work harder than before to make the almond milk. In addition, the farmers also use chemicals on the almonds, and this is making the bees sick.

Many people are trying to find solutions that do not hurt the bees. Many plants need the help of bees, so they must be protected for the environment.

5分間の音読回数を、52ページの「アルゴリズム音読記録表」に記録してください。ここで休憩を取りましょう。

▶10～20分休憩　タイマーのセットを忘れずに！

この間、次ページの**オプションコンテンツ4　ディクテーション**で、英文ストックにもれがないか、また、リエゾンなどの音の変化を再度確認してみましょう。

4日目　休憩時間のオプションコンテンツ

▶ オプションコンテンツ4　ディクテーション

取り組み　音声を聞いて、英文中の空欄に入る単語を埋めてみましょう。

もしスペル（つづり）が分からない場合、適当なスペルでもカタカナでもよいので書いてみましょう。

音声を止めずに進めてください。書いている間にどんどん進んでいってしまうので、自分にしか読めないような走り書きでもOKです。難しい場合は、再生速度を調整するなどしてみましょう。

慣れてくると、「ここに動詞が入るはずだ」、「前置詞が入るのでは？」、「この後ろに目的語が足りないな」などという語順感覚がつかめてきて、自然と次に来る要素が分かるようになります。

1度ですべて書き取れなかった場合は、何度かチャレンジしてみましょう。最終的に書き取れなかった単語があれば、その語だけでなくその語を含む1文を何度も音読してみましょう。

Bees and Almond Milk

Many people around the world are looking (   ) alternatives to common foods, so almond milk has become more popular. Almonds are (   ) kind of nut. Milk from almonds has fewer calories than cow's milk, so more and more people drink (   ) for their health.

However, farmers have discovered that the high demand for almond milk (   ) actually harming bees. Many bees now (   ) harder than before to make the almond milk. In addition, the farmers also use chemicals (   ) the almonds, and this is making the bees sick.

Many people are trying (   ) find solutions that do not hurt the bees. Many plants need the help of bees, so they (   ) be protected for the environment.

4日目	5分音読	2回目	月	日 実施	記入しましょう！

▶ 5分音読 D2 瞬訳音読（日本語から英語への瞬間英作文）

1回目

※詳しい方法は41ページを参照

ページの左側（英語）を手で隠し、日本語を見て英語に訳していきましょう。

5分間で目標とする音読回数	現在の英語力レベル	
0.5回	英検4級以下	TOEIC 〜200点
1回	英検3級	TOEIC 200〜400点
1.5回	英検準2級	TOEIC 400〜600点

□	Bees and Almond Milk	ミツバチとアーモンドミルク
□	Many people around the world	世界中の多くの人々が
□	are looking for alternatives	代わるものを探している、
□	to common foods,	一般的な食べ物に
□	so almond milk has become more popular.	だからアーモンドミルクはより人気になっています。
□	Almonds are a kind of nut.	アーモンドはナッツの一種です。
□	Milk from almonds has fewer calories	アーモンドから作られるミルクはよりカロリーが少ない
□	than cow's milk,	牛乳と比べて
□	so more and more people drink it	だからますます多くの人がそれを飲むようになっています。
□	for their health.	健康のために
□	However,	しかし、
□	farmers have discovered	農場経営者たちは〜を発見しました。
□	that the high demand for almond milk	アーモンドミルクへの高い需要が

□	is actually harming bees.	実はミツバチに害を与えていること
□	Many bees now work harder	多くのミツバチはより一生懸命に働いています。
□	than before	前よりも、
□	to make the almond milk.	今アーモンドミルクを作るために
□	In addition,	さらに、
□	the farmers also use chemicals	農場経営者は農薬を使う
□	on the almonds,	アーモンドに
□	and this is making the bees sick.	これがミツバチを病気にさせています。
□	Many people are trying	多くの人々は～をしようとしています。
□	to find solutions	解決策を見つけること
□	that do not hurt the bees.	ミツバチを傷つけない
□	Many plants need the help of bees,	多くの植物はミツバチの助けが必要だ
□	so they must be protected	なので、彼らは守られなければならないのです。
□	for the environment.	環境のために

5分間の音読回数を、52ページの「アルゴリズム音読記録表」に記録してください。これで第5ラウンド終了です。大変お疲れさまでした。明日からは第6ラウンドです。新しい英文を音読していきますので、気持ちをリフレッシュして取り組んでください！

第6ラウンド

Lacrosse

を音読しよう！

1日目	5分音読	1回目	月	日 実施	記入しましょう!

▶ 5分音読A まねして音読（リピーティング） 1回目

※詳しい方法は30ページを参照

音声に続いて、発音に注意しながら次の文章を音読しましょう。

5分間で目標とする音読回数	現在の英語力レベル	
1回	英検4級以下	TOEIC 〜200点
1.5回	英検3級	TOEIC 200〜400点
2回	英検準2級	TOEIC 400〜600点

Lacrosse

❶Lacrosse is a sport that is popular in North America. A lacrosse field ❷is about the same size as a soccer field. Each player holds a stick ❸with a net attached to the end of it. Players use the sticks to ❹throw a small rubber ball into the goal.

The game was originally played by the ❺native people of North America. At first, the games were major events. One game of lacrosse could even last several days, and the goals would be many ❻kilometers apart.

The native people in Canada first demonstrated the game to French explorers in 1636. These days, it is enjoyed at schools not ❼only in North America ❽but around the world.

番号と下線のついた箇所は特に発音に注意すべきポイントです。次の説明に従って音読しましょう。

❶ Lacrosse

lacrosse [ləkrɔ́s] は「ラクロス」と「ラ」にアクセントを置きがちですが、正しくは「ラク**ロ**ス」と「**ロ**」にアクセントを置きます。また、la- の l の音は、舌の先を上の歯の付け根にしっかりとくっつけて発音し、-ro- の r は口の中で舌をどこにも触れさせずに発音します。

❷ is about

「イズ」「アバウト」ではなく、is [iz] の [z] と about [əbáut] の [ə]「(弱い)ア」がつながり、「イズァバウト」または「イザバウト」という発音になります。

❸ with a

with [wið] の th [ð] の音は「ズ」と発音しがちですが、th [ð] は上と下の前歯の間を少し空け、その間を舌の先で軽く触れるようにしながら濁った音を出します。後ろの a [ə]「(弱い) ア」とつながり、「ウィズァ」または「ウィザ」のような発音になります。

❹ throw

throw [θróu] の th [θ] の音は「ス」と発音しがちですが、th [θ] は上と下の前歯の間を少し空け、その間を舌の先で軽く触れるようにしながら濁らない音を出します。

❺ native

native の v の発音は、上の歯を下唇に軽く当て、濁った音「ヴ」として発音することに意識を置きましょう。

❻ kilometers

kilometer(s) [kəlɑ́mətər] は「キロ**メー**トル」と、「メー」の部分を強く発音しがちですが、米国発音の場合、「ロ」の部分にアクセントがあります。また、「メー」の部分はどちらかというと「ミ」という発音に近く、「キ**ラー**ミター」という発音になります。英国発音の場合は、「キロ**ミー**ター」とアクセントの位置が変わります。

❼ only in

「オンリー」「イン」ではなく、only [óunli] の y [li] と in [in] の [i]「イ」が重なり、「オンリーン」という発音になります。

❽ but around

「バット」「アラウンド」ではなく、but [bət] の [t] と around [ərάund] の [ə]「(弱い) ア」がつながり、「バットァラウンド」または「バッタラウンド」という発音になります。

5分間の音読回数を、52ページの「アルゴリズム音読記録表」に記録してください。ここで休憩を取りましょう。

▶10〜20分休憩　タイマーのセットを忘れずに！

この間、次の**オプションコンテンツ1A　英文全訳とフレーズ対応訳**で、文章全体の流れと意味を把握しましょう。その次に**オプションコンテンツ1B　単熟語リスト**で、意味の分からない語彙をしっかり押さえておきましょう。

1日目　休憩時間のオプションコンテンツ

オプションコンテンツに取り組むと「アルゴリズム音読」のパワーが最大限に発揮されます。頭に英文をどんどんストックしていきましょう。

▶ オプションコンテンツ1A　英文全訳とフレーズ対応訳

取り組み　音読した英文全体の意味を確認し、自分の理解と異なる箇所についてはフレーズ対応訳で見直しておきましょう。

全訳

ラクロス

ラクロスは北米で人気の高いスポーツです。ラクロスの競技場はサッカーの競技場とほぼ同じ大きさです。それぞれの選手が、端に網が付いた棒を持ちます。選手はその棒を使って、小さなゴムボールをゴールに向かって投げます。

この競技は元来、北米の先住民族によって行われていました。当初、試合は重要な行事でした。ラクロスの1つの試合が数日にわたることすらあり、時にはゴール同士が何キロメートルも離れていることもありました。

1636年にカナダの先住民が初めてこの競技をフランスの探検家たちにやって見せました。最近では北米だけではなく世界中の学校で楽しまれています。

フレーズ対応訳

☐	Lacrosse	ラクロス
☐	Lacrosse is a sport	ラクロスはスポーツです
☐	that is popular	人気の高い
☐	in North America.	北米で
☐	A lacrosse field	ラクロスの競技場は
☐	is about the same size	ほぼ同じ大きさです。
☐	as a soccer field.	サッカーの競技場と
☐	Each player holds a stick with a net	それぞれの選手が、網が付いた棒を持ちます。
☐	attached to the end of it.	その棒の端に
☐	Players use the sticks	選手はその棒を使う
☐	to throw a small rubber ball	小さなゴムボールを投げるために
☐	into the goal.	ゴールに向かって
☐	The game was originally played	この競技は元来、行われていました。
☐	by the native people of North America.	北米の先住民族によって
☐	At first,	最初は、
☐	the games were major events.	試合は重要な行事でした。
☐	One game of lacrosse could even last several days,	ラクロスの１つの試合が数日にわたることすらあり、
☐	and the goals would be many kilometers apart.	ゴール同士が何キロメートルも離れていることもありました。
☐	The native people in Canada	カナダの先住民が
☐	first demonstrated the game	最初にこの競技をやって見せました。
☐	to French explorers	フランスの探検家たちに

□	in 1636.	1636年に
□	These days,	最近では
□	it is enjoyed at schools	それは学校で楽しまれています。
□	not only in North America but around the world.	北米だけではなく世界中の

▶ オプションコンテンツ1B　単熟語リスト

音読していて意味が分からなかったり、あやふやだったりした単語を、ここで確認しておきましょう。これらの単語を頭に入れると、さらに音読の効果が高まります。

□	lacrosse	名 ラクロス
□	field	名 競技場
□	stick	名 棒
□	attached to	～に付属している
□	throw	動 (物を)投げる
□	rubber	名 (天然)ゴム
□	originally	副 元来は
□	native people	名 先住民
□	major	形 重要な、主要な
□	several	形 いくつかの
□	apart	副 離れて
□	demonstrate	動 実演する
□	explorer	名 探検家

1日目	5分音読	2回目	月　日 実施	記入しましょう!

▶ 5分音読 B　見上げて音読（リード・アンド・ルックアップ）　1回目

※詳しい方法は36ページを参照

ここでは音声を聞きません。スラッシュで区切られたフレーズごとに英文を見て頭に入れます。その後、英文から目を離し、天井などを見上げながらフレーズを口から出しましょう。本からいったん目を離してルックアップする（見上げる）のがポイントで、このとき英文が脳内に格納されていきます。

5分間で目標とする音読回数	現在の英語力レベル	
0.5回	英検４級以下	TOEIC　～200点
1回	英検３級	TOEIC 200～400点
1.5回	英検準２級	TOEIC 400～600点

Lacrosse

Lacrosse is a sport / that is popular / in North America. // A lacrosse field / is about the same size / as a soccer field. // Each player holds a stick with a net / attached to the end of it. // Players use the sticks / to throw a small rubber ball / into the goal. //

The game was originally played / by the native people of North America. // At first, / the games were major events. // One game of lacrosse could even last several days, / and the goals would be many kilometers apart. //

The native people in Canada / first demonstrated the game / to French explorers / in 1636. // These days, / it is enjoyed at schools / not only in North America but around the world. //

5分間の音読回数を、52ページの「アルゴリズム音読記録表」に記録してください。これで第6ラウンド1日目の終了です。お疲れさまでした。また明日、10分間の「アルゴリズム音読」で、英語のスキルを伸ばしていきましょう。

2日目　**5分音読**　**1回目**　　**月**　　**日 実施**　記入しましょう！

1日目と同じトレーニングですが、2日目なので音読できる回数が増えているかもしれませんね。

▶ 5分音読A　まねして音読（リピーティング）　2回目

※詳しい方法は30ページを参照

音声に続いて、発音に注意しながら次の文章を音読しましょう。

5分間で目標とする音読回数	現在の英語力レベル	
1回	英検4級以下	TOEIC 　　～200点
1.5回	英検3級	TOEIC 200～400点
2回	英検準2級	TOEIC 400～600点

Lacrosse

❶Lacrosse is a sport that is popular in North America. A lacrosse field ❷is about the same size as a soccer field. Each player holds a stick ❸with a net attached to the end of it. Players use the sticks to ❹throw a small rubber ball into the goal.

The game was originally played by the ❺native people of North America. At first, the games were major events. One game of lacrosse could even last several days, and the goals would be many ❻kilometers apart.

The native people in Canada first demonstrated the game to French explorers in 1636. These days, it is enjoyed at schools not ❼only in North America ❽but around the world.

番号と下線のついた箇所は特に発音に注意すべきポイントです。次の説明に従って音読しましょう。

❶ Lacrosse

lacrosse [ləkrɔ́s] は「**ラ**クロス」と「ラ」にアクセントを置きがちですが、正しくは「ラク**ロ**ス」と「**ロ**」にアクセントを置きます。また、la- の l の音は、舌の先を上の歯の付け根にしっかりとくっつけて発音し、-ro- の r は口の中で舌をどこにも触れさせずに発音します。

❷ is about

「イズ」「アバウト」ではなく、is [iz] の [z] と about [əbáut] の [ə]「(弱い) ア」がつながり、「イズァバウト」または「イザバウト」という発音になります。

❸ with a

with [wið] の th [ð] の音は「ズ」と発音しがちですが、th [ð] は上と下の前歯の間を少し空け、その間を舌の先で軽く触れるようにしながら濁った音を出します。後ろの a [ə]「(弱い) ア」とつながり、「ウィズァ」または「ウィザ」のような発音になります。

❹ throw

throw [θróu] の th [θ] の音は「ス」と発音しがちですが、th [θ] は上と下の前歯の間を少し空け、その間を舌の先で軽く触れるようにしながら濁らない音を出します。

❺ native

native の v の発音は、上の歯を下唇に軽く当て、濁った音「ヴ」として発音することに意識を置きましょう。

❻ kilometers

kilometer(s) [kəlάmətər] は「キロ**メー**トル」と、「メー」の部分を強く発音しがちですが、米国発音の場合、「ロ」の部分にアクセントがあります。また、「メー」の部分はどちらかというと「ミ」という発音に近く、「キ**ラー**ミター」という発音になります。英国発音の場合は、「キロ**ミー**ター」とアクセントの位置が変わります。

❼ only in

「オンリー」「イン」ではなく、only [óunli] の y [li] と in [in] の [i]「イ」が重なり、「オンリーン」という発音になります。

❽ but around

「バット」「アラウンド」ではなく、but [bət] の [t] と around [əráund] の [ə]「(弱い) ア」がつながり、「バットァラウンド」または「バッタラウンド」という発音になります。

5分間の音読回数を、52ページの「アルゴリズム音読記録表」に記録してください。1日目と比べて、伸びを実感してみましょう。ここで休憩を取りましょう。

▶10～20分休憩　タイマーのセットを忘れずに！

この間、次ページの**オプションコンテンツ2　文構造・文法解説**で、文法に意識を向けながらカタマリごとの意味をしっかり押さえておきましょう。

2日目　休憩時間のオプションコンテンツ

▶ オプションコンテンツ2　文構造・文法解説

取り組み　文法解説は本書で扱う中心的な内容ではありません。しかし、「英語の文構造を意識した語順感覚」を身につけるにあたり、文構造や文法に意識を向けるために簡単に解説しています。英文中の表現が気になったら、文法書などで調べてみましょう。

Lacrosse

Lacrosse is a **sport** **that is popular in North America**. A
関係代名詞 that の先行詞
lacrosse field is about the **same size as a soccer field**.
same size as ～「～と同じ大きさ」
Each player holds a **stick** with **a net** [attached to the end
過去分詞（～された）
of it]. Players use the **sticks** **to throw a small rubber ball into the goal** .
不定詞「～するために」

The game **was** originally **played** **by the native people of North America**. At first, the games were major events. One game of lacrosse **could** even last several days, and the goals **would** be many kilometers apart.
受動態〈be + 過去分詞〉
could（過去の可能性）「～する場合もあった」
would（過去の習慣）「～したものだ」

The native people in Canada first demonstrated the game to French explorers in 1636. These days, it **is enjoyed** at schools **not only** in North America **but** around the world.
受動態〈be + 過去分詞〉
not only ～ but ...「～だけでなく…」

2日目	5分音読	2回目	月　日 実施	記入しましょう!

▶ 5分音読 B　見上げて音読(リード・アンド・ルックアップ)

※詳しい方法は36ページを参照

ここでは音声を聞きません。スラッシュで区切られたフレーズごとに英文を見て頭に入れます。その後、英文から目を離し、天井などを見上げながらフレーズを口から出しましょう。本からいったん目を離してルックアップする(見上げる)のがポイントで、このとき英文が脳内に格納されていきます。

2回目の今日は、**オプションコンテンツ2　文構造・文法解説**に記した文構造や文法を意識すると、より効果が高まります。

5分間で目標とする音読回数	現在の英語力レベル	
0.5回	英検4級以下	TOEIC　～200点
1回	英検3級	TOEIC 200～400点
1.5回	英検準2級	TOEIC 400～600点

Lacrosse

Lacrosse is a sport / that is popular / in North America. // A lacrosse field / is about the same size / as a soccer field. // Each player holds a stick with a net / attached to the end of it. // Players use the sticks / to throw a small rubber ball / into the goal. //

The game was originally played / by the native people of North America. // At first, / the games were major events. // One game of lacrosse could even last several days, / and the goals would be many kilometers apart. //

The native people in Canada / first demonstrated the game / to French explorers / in 1636. // These days, / it is enjoyed at schools / not only in North America but around the world. //

5分間の音読回数を、52ページの「アルゴリズム音読記録表」に記録してください。これで第6ラウンド2日目の終了です。同じ英文をくり返し読むことで、英文が頭に入ってきているはずです。明日も「アルゴリズム音読」を続けましょう。

3日目	5分音読	1回目	月　　日 実施	記入しましょう!

今日は、1、2日目とは異なるトレーニングを行います。英語音声を止めることなく、追いかけるように次の文章を音読しましょう。それが難しい場合は、再生速度を調整してみましょう。

▶ 5分音読 C　追っかけ音読（シャドーイング）

※詳しい方法は39ページを参照

5分間で目標とする音読回数	現在の英語力レベル	
1.5回	英検4級以下	TOEIC　　～200点
2回	英検3級	TOEIC 200～400点
2.5回	英検準2級	TOEIC 400～600点

再生速度の目安
0.5倍

追っかけ音読1回目の今日は発音に意識を置き、聞こえてくる音声をできるだけ再現しながら音読することに努めましょう。

Lacrosse

Lacrosse is a sport that is popular in North America. A lacrosse field is about the same size as a soccer field. Each player holds a stick with a net attached to the end of it. Players use the sticks to throw a small rubber ball into the goal.

The game was originally played by the native people of North America. At first, the games were major events. One game of lacrosse could even last several days, and the goals would be many kilometers apart.

The native people in Canada first demonstrated the game to French explorers in 1636. These days, it is enjoyed at schools not only in North America but around the world.

5分間の音読回数を、52ページの「アルゴリズム音読記録表」に記録してください。ここで休憩を取りましょう。

▶10～20分休憩　タイマーのセットを忘れずに！

この間、次ページの**オプションコンテンツ3　単語ストック**で、単語力を鍛えましょう。

3日目　休憩時間のオプションコンテンツ

▶ オプションコンテンツ3　単語ストック

取り組み　1日目の**オプションコンテンツ1B　単熟語リスト**に出てきた単語を、今日は英文の中で覚えましょう。丸暗記ではなく、5分音読A「まねして音読」、B「見上げて音読」、D「瞬訳音読」の各パターンを実践すると、自然と頭に格納されていきます。

□	I didn't know anything about lacrosse.	私はラクロスについて何も知りませんでした。
□	That is our soccer field.	あれが私たちのサッカー場です。
□	The dog picked up the stick.	犬がその棒を拾いました。
□	The label is attached to the trunk.	荷札がトランクについています。
□	He throws a fast ball.	彼は速球を投げます。
□	She uses rubber bands to tie up my hair.	彼女は髪を結ぶために輪ゴムを使います。
□	I now live in Hokkaido, but I'm originally from Okayama.	今は北海道に住んでいますが、元々は岡山出身です。
□	The native people in America is called native American.	北米の先住民はネイティブアメリカンと呼ばれます。
□	Traffic is a major problem in this city.	交通はこの町の主要な問題です。
□	The word has several meanings.	その単語にはいくつかの意味があります。
□	She lives apart from her parents.	彼女は両親と離れて暮らしています。
□	The salesman demonstrated how to use it.	セールスマンはその使い方を実演しました。
□	The missing explorer was found in a shore.	行方不明の探検家が海岸で見つかった。

それぞれの音読をしたら□にチェックマークを入れましょう。

□音読 A	まねして音読（リピーティング）
□音読 B	見上げて音読（リード・アンド・ルックアップ）
□音読 D1	瞬訳音読（英語から日本語への瞬間和訳）
□音読 D2	瞬訳音読（日本語から英語への瞬間英作文）

3日目	5分音読	2回目	月　　日 実施　記入しましょう！

▶ 5分音読 D1　瞬訳音読（英語から日本語への瞬間和訳）

※詳しい方法は41ページを参照

表の右側（日本語）を手で隠し、英語を見て日本語に訳していきましょう。

5分間で目標とする音読回数	現在の英語力レベル	
0.5回	英検4級以下	TOEIC 　　～200点
1回	英検3級	TOEIC 200～400点
1.5回	英検準2級	TOEIC 400～600点

□	Lacrosse	ラクロス
□	Lacrosse is a sport	ラクロスはスポーツです
□	that is popular	人気の高い
□	in North America.	北米で
□	A lacrosse field	ラクロスの競技場は
□	is about the same size	ほぼ同じ大きさです。
□	as a soccer field.	サッカーの競技場と
□	Each player holds a stick with a net	それぞれの選手が、網が付いた棒を持ちます
□	attached to the end of it.	その棒の端に

☐	Players use the sticks	選手はその棒を使う
☐	to throw a small rubber ball	小さなゴムボールを投げるために
☐	into the goal.	ゴールに向かって
☐	The game was originally played	この競技は元来、行われていました。
☐	by the native people of North America.	北米の先住民族によって
☐	At first,	最初は、
☐	the games were major events.	試合は重要な行事でした。
☐	One game of lacrosse could even last several days,	ラクロスの１つの試合が数日にわたることすらあり、
☐	and the goals would be many kilometers apart.	ゴール同士が何キロメートルも離れていることもありました。
☐	The native people in Canada	カナダの先住民が
☐	first demonstrated the game	最初にこの競技をやって見せました。
☐	to French explorers	フランスの探検家たちに
☐	in 1636.	1636年に
☐	These days,	最近では
☐	it is enjoyed at schools	それは学校で楽しまれています。
☐	not only in North America but around the world.	北米だけではなく世界中の

５分間の音読回数を、52ページの「アルゴリズム音読記録表」に記録してください。これで第６ラウンド３日目が終了、このラウンドのアルゴリズムも75パーセントまで到達しました。明日はこのラウンドの仕上げです。

4日目	5分音読	1回目	月　　日 実施　記入しましょう！

第6ラウンドも最終日です！　1回目の音読は昨日と同じトレーニングです。

▶ 5分音読C　追っかけ音読（シャドーイング）　2回目

※詳しい方法は39ページを参照

音声を追いかけて、次の文章を音読しましょう。それが難しい場合には、再生速度を調整してみましょう。

5分間で目標とする音読回数	現在の英語力レベル	
1.5回	英検4級以下	TOEIC　　～200点
2回	英検3級	TOEIC 200～400点
2.5回	英検準2級	TOEIC 400～600点

再生速度の目安
0.75倍

追っかけ音読2回目の今日は、英文ストックに意識を置き、一字一句見逃すことなく音読することに努めましょう。

Lacrosse

Lacrosse is a sport that is popular in North America. A lacrosse field is about the same size as a soccer field. Each player holds a stick with a net attached to the end of it. Players use the sticks to throw a small rubber ball into the goal.

The game was originally played by the native people of North America. At first, the games were major events. One game of lacrosse could even last several days, and the goals would be many kilometers apart.

The native people in Canada first demonstrated the game to French explorers in 1636. These days, it is enjoyed at schools not only in North America but around the world.

5分間の音読回数を、52ページの「アルゴリズム音読記録表」に記録してください。ここで休憩を取りましょう。

▶10～20分休憩　タイマーのセットを忘れずに！

この間、次ページの**オプションコンテンツ4　ディクテーション**で、英文ストックにもれがないか、また、リエゾンなどの音の変化を再度確認してみましょう。

4日目 休憩時間のオプションコンテンツ

オプションコンテンツ4 ディクテーション

取り組み 音声を聞いて、英文中の空欄に入る単語を埋めてみましょう。

もしスペル（つづり）が分からない場合、適当なスペルでもカタカナでもよいので書いてみましょう。

音声を止めずに進めてください。書いている間にどんどん進んでいってしまうので、自分にしか読めないような走り書きでもOKです。難しい場合は、再生速度を調整するなどしてみましょう。

慣れてくると、「ここに動詞が入るはずだ」、「前置詞が入るのでは？」、「この後ろに目的語が足りないな」などという語順感覚がつかめてきて、自然と次に来る要素が分かるようになります。

1度ですべて書き取れなかった場合は、何度かチャレンジしてみましょう。最終的に書き取れなかった単語があれば、その語だけでなくその語を含む1文を何度も音読してみましょう。

Lacrosse

Lacrosse is a sport (　　　　　　　　) is popular in North America. A lacrosse field is (　　　　　　　　) the same size as a soccer field. Each player holds a stick (　　　　　　　　) a net attached to the end of it. Players use the sticks to (　　　　　　　　) a small rubber ball into the goal.

The game (　　　　　　　　) originally played by the native people of North America. At first, the games were major events. One game of lacrosse (　　　　　　　　) even last several days, and the goals would be many kilometers apart.

The native people in Canada first (　　　　　　　　) the game to French explorers in 1636. These days, it is enjoyed at schools not (　　　　　　　　) in North America but around the world.

4日目	5分音読	2回目	月　日 実施	記入しましょう！

▶ 5分音読 D2 瞬訳音読（日本語から英語への瞬間英作文）

※詳しい方法は41ページを参照

ページの左側（英語）を手で隠し、日本語を見て英語に訳していきましょう。

5分間で目標とする音読回数	現在の英語力レベル	
0.5回	英検4級以下	TOEIC　～200点
1回	英検3級	TOEIC 200～400点
1.5回	英検準2級	TOEIC 400～600点

□	Lacrosse	ラクロス
□	Lacrosse is a sport	ラクロスはスポーツです
□	that is popular	人気の高い
□	in North America.	北米で
□	A lacrosse field	ラクロスの競技場は
□	is about the same size	ほぼ同じ大きさです。
□	as a soccer field.	サッカーの競技場と
□	Each player holds a stick with a net	それぞれの選手が、網が付いた棒を持ちます。
□	attached to the end of it.	その棒の端に
□	Players use the sticks	選手はその棒を使う
□	to throw a small rubber ball	小さなゴムボールを投げるために
□	into the goal.	ゴールに向かって
□	The game was originally played	この競技は元来、行われていました。
□	by the native people of North America.	北米の先住民族によって

□	At first,	最初は、
□	the games were major events.	試合は重要な行事でした。
□	One game of lacrosse could even last several days,	ラクロスの１つの試合が数日にわたることすらあり、
□	and the goals would be many kilometers apart.	ゴール同士が何キロメートルも離れていることもありました。
□	The native people in Canada	カナダの先住民が
□	first demonstrated the game	最初にこの競技をやって見せました。
□	to French explorers	フランスの探検家たちに
□	in 1636.	1636年に
□	These days,	最近では
□	it is enjoyed at schools	それは学校で楽しまれています。
□	not only in North America but around the world.	北米だけではなく世界中の

５分間の音読回数を、52ページの「アルゴリズム音読記録表」に記録してください。これで第６ラウンド終了です。大変お疲れさまでした。明日からは第７ラウンドです。新しい英文を音読していきますので、気持ちをリフレッシュして取り組んでください！

Column 4

守破離

日本における芸事の教えに、「守・破・離」という言葉があります。

「守」とは、指導者の教えを忠実に守ること、「破」とは、その教えを破り独自の工夫をしてみること、「離」とは指導者の元から離れ、自分の学びを土台として独自に発展させていくことです。型を守り、破→離のステップを踏み、実践する者は「型破り」としてあがめられます。型を守らず、離に進もうとする者は「型なし」としてさげすまれるのです。

本書では英語学習の「やり方」をお伝えしています。その「やり方」は、慣れるまでに少し時間がかかるものかもしれませんが、突拍子もない方法ではなく、決して難しいものでもありません。ただ、そのやり方を忠実に実行することが大事なのです。

カレーを作る時、市販のカレールーのパッケージに書いてあるレシピ通りに作る人はどれだけいるでしょうか。それほど多くはないのではないでしょうか。ジャガイモはあまり好きではないから少なめにとか、蜂蜜を入れるとおいしいから入れてみようとか、チョコレートを隠し味に入れてみようなど。

カレーならこれでよいかもしれませんが、学習の場合は事情が異なります。「守」、つまり、まずはレシピ通りにできるようになってから次の段階に進んでください。内容を飛ばしたり、勝手にアレンジしたりしないでください。「型なし」になってしまいます。本書にある通りの手順で「アルゴリズム音読」を愚直に忠実に実践してみてください。かならず英語力が上がります。

本書では「守」の内容のみをお伝えしています。すべてのトレーニングを終え、違う教材を使う時、シャドーイングの材料がなかったり、スラッシュ区切りの対訳がなかったりしますので、その時はどうしても「破」という段階に進まなくてはなりません。しかし、定期的にまた「守」に戻って、基本を確認するようにしてください。「型」を再確認するということです。

こうやってアルゴリズム音読を「守」の型どおり８ラウンドやってみて、他の教材を使って「破」を試し、またアルゴリズム音読の方法に戻ってくる。そうやっているうちに、皆さんは必ず自分の４技能すべての伸びを実感できます。ネイティブと話していても相手の言葉が聞き取れるようになってきた。言いたいことが口から出るようになってきた。英語の資料を読めるようになってきた。書きたいこと、書かねばならないことがどんどん書けるようになってきた。それでも教材を選んでアルゴリズム音読を続けていくと、ある時、もう市販の教材では飽き足らなくなっていることに気づくかもしれません。その時こそ、初めて「離」に進む時期が到来したと言えるのです。

第 7 ラウンド

Animals and Music

を音読しよう！

1日目	5分音読	1回目	月　日 実施	記入しましょう!

▶ 5分音読A まねして音読（リピーティング） 1回目

※詳しい方法は30ページを参照

音声に続いて、発音に注意しながら次の文章を音読しましょう。

5分間で目標とする音読回数	現在の英語力レベル	
1回	英検4級以下	TOEIC　～200点
1.5回	英検3級	TOEIC 200～400点
2回	英検準2級	TOEIC 400～600点

Animals and Music

Many people believe that music is ①something that only humans can make and understand. However, scientists have discovered that ②there are some animals that produce their own music.

Some birds make sounds that people ③think are songs, but researchers say that these sounds are not actually music. ④They are not as complex as music. On the other hand, a kind of ⑤whale creates sounds that have structures like those of human songs. ⑥Parts of the songs are repeated, and the whales even use similar sounds in each part of the song, so they are like human language in some ways.

Some research also proves that music made by humans can affect the behavior of animals. A ⑦university in Scotland had dogs listen to music and discovered that many of them responded well to certain types, like rock. The researchers even noted that each dog had different reactions to each type of music, so it is possible that each dog has ⑧its own favorite music.

番号と下線のついた箇所は特に発音に注意すべきポイントです。次の説明に従って音読しましょう。

❶ something

something [sʌ́mθìŋ] の th [θ] の音は「シ」と発音しがちですが、th [θ] は上と下の前歯の間を少しあけ、その間を舌の先で軽く触れるようにしながら濁らない音を出します。

❷ there

there [ðéər] の th [ð] の音は「ゼ」と発音しがちですが、th [ð] は上と下の前歯の間を少しあけ、その間を舌の先で軽く触れるようにしながら濁った音を出します。

❸ think are

think [θíŋk] の th [θ] の音は「シ」と発音しがちですが、th [θ] は上と下の前歯の間を少しあけ、その間を舌の先で軽く触れるようにしながら濁らない音を出します。また、think の k [k] と are [ər]「(弱い) ア」がかさなり、「シンクァー」という発音になります。

❹ They

they [ðéi] の [ðé] の音は「ゼ」と発音しがちですが、th [ð] は上と下の前歯の間を少しあけ、その間を舌の先で軽く触れるようにしながら濁った音を出します。

❺ whale

whale [wéil]「ホエール」ではありません。「ウェィル」のような発音になります。l の音は、舌の先を上の歯の付け根にしっかりとくっつけて発音します。語尾の l の後ろに e がありますが、発音上語尾に母音はありませんので、その点にも注意しましょう。

❻ Parts of

「パーツ」「オブ」ではなく、parts [pɑ:ts] の ts [ts] と of [əv] の [ə]「(弱い) オ」が重なります。また、of の v の発音は、上の歯を下唇に軽く当て、濁った音「ヴ」として発音しますので、「パーツォヴ」という発音になります。

❼ university in

「ユニバーシティ」「イン」ではなく、[jù:nəvə́r:səti] の 語尾の [i] と in [i:n] の [i]「イ」が重なり、「ユニヴァーシティーン」という発音になります。v の発音は、上の歯を下唇に軽く当て、濁った音「ヴ」として発音することにも意識をおきましょう。

❽ its own

「イッツ」「オウン」ではなく、its [its] の [ts] と own [óun] の [ó]「オ」が重なり、「イッツォウン」という発音になります。

5分間の音読回数を、52ページの「アルゴリズム音読記録表」に記録してください。ここで休憩を取りましょう。

▶10〜20分休憩　タイマーのセットを忘れずに！

この間、次の**オプションコンテンツ1A　英文全訳とフレーズ対応訳**で、文章全体の流れと意味を把握しましょう。その次に**オプションコンテンツ1B　単熟語リスト**で、意味の分からない語彙をしっかり押さえておきましょう。

1日目　休憩時間のオプションコンテンツ

オプションコンテンツに取り組むと「アルゴリズム音読」のパワーが最大限に発揮されます。頭に英文をどんどんストックしていきましょう。

▶オプションコンテンツ1A　英文全訳とフレーズ対応訳

取り組み　音読した英文全体の意味を確認し、自分の理解と異なる箇所についてはフレーズ対応訳で見直しておきましょう。

全訳

動物と音楽

音楽は人間だけが奏でることができ、理解することができるものだと多くの人が信じている。しかし、科学者は、動物も彼ら自身の音楽を作ることができることを発見した。

一部の鳥は人間が音楽だと思っているような音を奏でるが、研究者はこれらの音は実際には音楽ではないと言っている。これらの音は音楽と言えるほど複雑ではない。一方で、クジラの一種は人間の歌と似た構造を持った音を奏でる。

そうした曲の一部はくり返され、クジラは曲の各部分に似たような音を使ってさえいるので、それらはいくつかの点において人間の言葉のようである。

いくつかの研究は、人間によって作られた音楽が動物の行動に影響を与えることを証明した。スコットランドのある大学は、犬に音楽を聞かせ、彼らの多くがある種の音楽、例えばロックに反応することを発見した。研究者は、それぞれの犬が、音楽の種類ごとに違った反応を示したことから、犬にもそれぞれのお気に入りの音楽があるかもしれないということに気づいた。

フレーズ対応訳

□	Animals and Music	動物と音楽
□	Many people believe	多くの人は～を信じている。
□	that music is something	音楽はあるものだ
□	that only humans can make and understand.	人間だけが奏でることができ、理解することができる
□	However,	しかし、
□	scientists have discovered	科学者は～を発見した
□	that there are some animals	ある動物がいるということ
□	that produce their own music.	彼ら自身の音楽を作ることができる

□	Some birds make sounds	一部の鳥は音を奏でる
□	that people think are songs,	人間が音楽だと思っているような
□	but researchers say	しかし研究者は～と言っている
□	that these sounds are not actually music.	これらの音は実際には音楽ではない
□	They are not as complex as music.	これらの音は音楽と言えるほど複雑ではない。
□	On the other hand,	一方で、
□	a kind of whale creates sounds	クジラの一種は音を奏でる。
□	that have structures	構造を持った
□	like those of human songs.	人間の歌に似た
□	Parts of the songs are repeated,	そうした曲の一部はくり返される
□	and the whales even use similar sounds	そしてクジラは似たような音を使ってさえいる。
□	in each part of the song,	曲の各部分に
□	so they are like human language	なのでそれらは人間の言葉のようである。
□	in some ways.	いくつかの点において
□	Some research also proves	いくつかの研究は～を証明している
□	that music made by humans	人間によって作られた音楽
□	can affect the behavior of animals.	動物の行動に影響を与える
□	A university in Scotland had dogs listen to music	スコットランドの大学は、犬に音楽を聞かせた
□	and discovered	そして～を発見した
□	that many of them responded well	犬たちの多くがよく反応すること
□	to certain types, like rock.	ある種の音楽、例えばロックに
□	The researchers even noted	研究者は～にさえ気がついた

□	that each dog had different reactions	それぞれの犬が違った反応を示したため
□	to each type of music,	音楽の種類ごとに
□	so it is possible	だから可能性があるのだ
□	that each dog has its own favorite music.	犬にも彼らのお気に入りの音楽があるということ

▶ オプションコンテンツ1B　単熟語リスト

音読していて意味が分からなかったり、あやふやだったりした単語を、ここで確認しておきましょう。これらの単語を頭に入れると、さらに音読の効果が高まります。

□	discover	動 発見する
□	complex	形 複雑な
□	create	動 創造する
□	structure	名 構造
□	repeat	形 くり返す
□	similar	形 類似した
□	prove	動 証明する
□	affect	動 影響を及ぼす
□	behavior	名 行動
□	respond	動 反応する
□	certain	形 ある、特定の
□	note	動 気づく
□	reaction	名 反応

1日目	5分音読	2回目	月　日 実施	記入しましょう!

▶ 5分音読B　見上げて音読（リード・アンド・ルックアップ）

1回目

※詳しい方法は36ページを参照

ここでは音声を聞きません。スラッシュで区切られたフレーズごとに英文を見て頭に入れます。その後、英文から目を離し、天井などを見上げながらフレーズを口から出しましょう。本からいったん目を離してルックアップする（見上げる）のがポイントで、このとき英文が脳内に格納されていきます。

5分間で目標とする音読回数	現在の英語力レベル	
0.5回	英検4級以下	TOEIC　～200点
1回	英検3級	TOEIC 200～400点
1.5回	英検準2級	TOEIC 400～600点

Animals and Music

Many people believe / that music is something / that only humans can make and understand. // However, / scientists have discovered / that there are some animals / that produce their own music. //

Some birds make sounds / that people think are songs, / but researchers say / that these sounds are not actually music. // They are not as complex as music. // On the other hand, / a kind of whale creates sounds / that have structures / like those of human songs. // Parts of the songs are repeated, / and the whales even use similar sounds / in each part of the song, / so they are like human language / in some ways. //

Some research also proves / that music made by humans / can affect the behavior of animals. // A university in Scotland had dogs listen to music / and discovered / that many of them responded well / to certain types, / like rock. // The researchers even noted / that each dog had different reactions / to each type of music, / so it is possible / that each dog has its own favorite music. //

5分間の音読回数を、52ページの「アルゴリズム音読記録表」に記録してください。これで第7ラウンド1日目の終了です。お疲れさまでした。また明日、10分間の「アルゴリズム音読」で、英語のスキルを伸ばしていきましょう。

2日目	5分音読	1回目	月　　日 実施	記入しましょう!

1日目と同じトレーニングですが、2日目なので音読できる回数が増えているかもしれませんね。

▶ 5分音読A まねして音読(リピーティング) 2回目

※詳しい方法は30ページを参照

音声に続いて、発音に注意しながら次の文章を音読しましょう。

5分間で目標とする音読回数	現在の英語力レベル	
1回	英検4級以下	TOEIC ～200点
1.5回	英検3級	TOEIC 200～400点
2回	英検準2級	TOEIC 400～600点

Animals and Music

Many people believe that music is ❶something that only humans can make and understand. However, scientists have discovered that ❷there are some animals that produce their own music.

Some birds make sounds that people ❸think are songs, but researchers say that these sounds are not actually music. ❹They are not as complex as music. On the other hand, a kind of ❺whale creates sounds that have structures like those of human songs. ❻Parts of the songs are repeated, and the whales even use similar sounds in each part of the song, so they are like human language in some ways.

Some research also proves that music made by humans can affect the behavior of animals. A ❼university in Scotland had dogs listen to music and discovered that many of them responded well to certain types, like rock. The researchers even noted that each dog had different reactions to each type of music, so it is possible that each dog has ❽ its own favorite music.

番号と下線のついた箇所は特に発音に注意すべきポイントです。次の説明に従って音読しましょう。

❶ something

something [sʌ́mθìŋ] の th [θ] の音は「シ」と発音しがちですが、th [θ] は上と下の前歯の間を少しあけ、その間を舌の先で軽く触れるようにしながら濁らない音を出します。

❷ there

there [ðéər] の th [ð] の音は「ゼ」と発音しがちですが、th [ð] は上と下の前歯の間を少しあけ、その間を舌の先で軽く触れるようにしながら濁った音を出します。

❸ think are

think [θíŋk] の th [θ] の音は「シ」と発音しがちですが、th [θ] は上と下の前歯の間を少しあけ、その間を舌の先で軽く触れるようにしながら濁らない音を出します。また、think の k [k] と are [ər]「(弱い) ア」がかさなり、「シンクァー」という発音になります。

❹ They

they [ðéi] の [ðé] の音は「ゼ」と発音しがちですが、th [ð] は上と下の前歯の間を少しあけ、その間を舌の先で軽く触れるようにしながら濁った音を出します。

❺ whale

whale [wéil]「ホエール」ではありません。「ウェィル」のような発音になります。l の音は、舌の先を上の歯の付け根にしっかりとくっつけて発音します。語尾の l の後ろに e がありますが、発音上語尾に母音はありませんので、その点にも注意しましょう。

❻ Parts of

「パーツ」「オブ」ではなく、parts [pɑ:ts] の ts [ts] と of [əv] の [ə]「(弱い) オ」が重なります。また、of の v の発音は、上の歯を下唇に軽く当て、濁った音「ヴ」として発音しますので、「パーツォヴ」という発音になります。

❼ university in

「ユニバーシティ」「イン」ではなく、[jùːnəvə́rːsəti] の 語尾の [i] と in [iːn] の [i]「イ」が重なり、「ユニヴァーシティーン」という発音になります。v の発音は、上の歯を下唇に軽く当て、濁った音「ヴ」として発音することにも意識をおきましょう。

❽ its own

「イッツ」「オウン」ではなく、its [its] の [ts] と own [óun] の [ó]「オ」が重なり、「イッツォウン」という発音になります。

5分間の音読回数を、52ページの「アルゴリズム音読記録表」に記録してください。1日目と比べて、伸びを実感してみましょう。ここで休憩を取りましょう。

▶10～20分休憩　タイマーのセットを忘れずに！

この間、次の**オプションコンテンツ2　文構造・文法解説**で、文法に意識を向けながらカタマリごとの意味をしっかり押さえておきましょう。

2日目　休憩時間のオプションコンテンツ

▶ オプションコンテンツ2　文構造・文法解説

取り組み　文法解説は本書で扱う中心的な内容ではありません。しかし、「英語の文構造を意識した語順感覚」を身につけるにあたり、文構造や文法に意識を向けるために簡単に解説しています。英文中の表現が気になったら、文法書などで調べてみましょう。

Animals and Music

Many people **believe** that music is **something that only**
that 以下が believe（信じている）の内容
関係代名詞 that の先行詞

humans can make and understand. However, scientists have **discovered** that there are **some animals that produce**
that 以下が discovered（発見した）の内容
関係代名詞 that の先行詞

their own music.

Some birds make **sounds that people think are songs**, but
関係代名詞 that の先行詞

researchers **say that these sounds are not actually music**.
that 以下が say（言っている）の内容

They are **not as** complex **as** music. On the other hand, a kind
not as ～ as ...「…ほど～ではない」

of whale creates **sounds that have structures like those of**
関係代名詞 that の先行詞

human songs. Parts of the songs **are repeated**, and the
be 動詞 + 動詞の過去分詞形「～される」

whales even use similar sounds in each part of the song, so they are like human language **in some ways**.
「いくつかの点において」

Some research also **proves** that **music** **made by humans** can affect the behavior of animals. A university in Scotland **had dogs listen** to music and **discovered** **that many of them responded well to certain types, like rock**. The researchers even **noted** **that each dog had different reactions to each type of music**, so **it is possible** **that each dog has its own favorite music**.

that 以下が proves（証明している）の内容

過去分詞（〜された）
made by 〜
「〜によって作られた」

have 目的語 原形動詞
「〜に…させる」「犬に聞かせる」

that 以下が discovered（発見した）の内容

that 以下が noted（気づいた）の内容

it is possible that 〜
「〜なのは可能だ」

▶ 5分音読B 見上げて音読(リード・アンド・ルックアップ) 

※詳しい方法は36ページを参照

ここでは音声を聞きません。スラッシュで区切られたフレーズごとに英文を見て頭に入れます。その後、英文から目を離し、天井などを見上げながらフレーズを口から出しましょう。本からいったん目を離してルックアップする(見上げる)のがポイントで、このとき英文が脳内に格納されていきます。

2回目の今日は、**オプションコンテンツ2　文構造・文法解説**に記した文構造や文法を意識すると、より効果が高まります。

5分間で目標とする音読回数	現在の英語力レベル	
0.5回	英検4級以下	TOEIC 〜200点
1回	英検3級	TOEIC 200〜400点
1.5回	英検準2級	TOEIC 400〜600点

Animals and Music

Many people believe / that music is something / that only humans can make and understand. // However, / scientists have discovered / that there are some animals / that produce their own music. //

Some birds make sounds / that people think are songs, / but researchers say / that these sounds are not actually music. // They are not as complex as music. // On the other hand, / a kind of whale creates sounds / that have structures / like those of human songs. // Parts of the songs are repeated, / and the whales even use similar sounds / in each part of the song, / so they are like human language / in some ways. //

Some research also proves / that music made by humans / can affect the behavior of animals. // A university in Scotland had dogs listen to music / and discovered / that many of them responded well / to certain types, / like rock. // The researchers even noted / that each dog had different reactions / to each type of music, / so it is possible / that each dog has its own favorite music. //

5分間の音読回数を、52ページの「アルゴリズム音読記録表」に記録してください。これで第7ラウンド2日目の終了です。同じ英文をくり返し読むことで、英文が頭に入ってきているはずです。明日も「アルゴリズム音読」を続けましょう。

3日目	5分音読	1回目	月　日 実施	記入しましょう！

今日は、1、2日目とは異なるトレーニングを行います。英語音声を止めることなく、追いかけるように次の文章を音読しましょう。それが難しい場合は、再生速度を調整してみましょう。

▶ 5分音読C 追っかけ音読（シャドーイング） 

※詳しい方法は39ページを参照

5分間で目標とする音読回数	現在の英語力レベル	
1.5回	英検4級以下	TOEIC　～200点
2回	英検3級	TOEIC 200～400点
2.5回	英検準2級	TOEIC 400～600点

再生速度の目安
0.5倍

追っかけ音読1回目の今日は発音に意識を置き、聞こえてくる音声をできるだけ再現しながら音読することに努めましょう。

Animals and Music

Many people believe that music is something that only humans can make and understand. However, scientists have discovered that there are some animals that produce their own music.

Some birds make sounds that people think are songs, but researchers say that these sounds are not actually music. They are not as complex as music. On the other hand, a kind of whale creates sounds that have structures like those of human songs. Parts of the songs are repeated, and the whales even use similar sounds in each part of the song, so they are like human language in some ways.

Some research also proves that music made by humans can affect the behavior of animals. A university in Scotland had dogs listen to music and discovered that many of them responded well to certain types, like rock. The researchers even noted that each dog had different reactions to each type of music, so it is possible that each dog has its own favorite music.

5分間の音読回数を、52ページの「アルゴリズム音読記録表」に記録してください。ここで休憩を取りましょう。

▶**10～20分休憩　タイマーのセットを忘れずに！**

この間、次ページの**オプションコンテンツ3　単語ストック**で、単語力を鍛えましょう。

3日目　休憩時間のオプションコンテンツ

▶ オプションコンテンツ3　単語ストック

取り組み　1日目の**オプションコンテンツ1B　単熟語リスト**に出てきた単語を、今日は英文の中で覚えましょう。丸暗記ではなく、5分音読A「まねして音読」、B「見上げて音読」、D「瞬訳音読」の各パターンを実践すると、自然と頭に格納されていきます。

□	Who discovered America?	誰がアメリカを発見したのですか。
□	That's too complex.	それは複雑すぎます。
□	That artist created a lot of beautiful pictures.	その芸術家は数多くの美しい絵を創造しました。
□	I studied the structure of the web site.	私はそのウェブサイトの構造を研究しました。
□	Tom repeated his question.	トムは質問をくり返しました。
□	Many people make similar mistakes.	多くの人が似たような間違いを犯します。
□	You can't prove that.	あなたには、それを証明することができません。
□	Smoking affects your health.	喫煙は健康に影響を与えます。
□	His behavior was very nice.	彼の振る舞いはとても良いものでした。
□	Our bodies respond to our feelings.	われわれの体は感情に反応します。
□	Are you certain?	本当？
□	She looked at her watch and noted that it was past five.	彼女は時計を見て5時過ぎだと気がついた。
□	What was her reaction to the news?	このニュースに対する彼女の反応はどうでしたか。

それぞれの音読をしたら□にチェックマークを入れましょう。

□音読 A	まねして音読(リピーティング)
□音読 B	見上げて音読(リード・アンド・ルックアップ)
□音読 D1	瞬訳音読(英語から日本語への瞬間和訳)
□音読 D2	瞬訳音読(日本語から英語への瞬間英作文)

3日目	5分音読	2回目	月　日 実施	記入しましょう!

▶ 5分音読 D1 瞬訳音読(英語から日本語への瞬間和訳)

1回目

※詳しい方法は41ページを参照

表の右側(日本語)を手で隠し、英語を見て日本語に訳していきましょう。

5分間で目標とする音読回数	現在の英語力レベル	
0.5回	英検4級以下	TOEIC　～200点
1回	英検3級	TOEIC 200～400点
1.5回	英検準2級	TOEIC 400～600点

□	Animals and Music	動物と音楽
□	Many people believe	多くの人は～を信じている。
□	that music is something	音楽はあるものだ
□	that only humans can make and understand.	人間だけが奏でることができ、理解することができる
□	However,	しかし、
□	scientists have discovered	科学者は～を発見した
□	that there are some animals	ある動物がいるということ
□	that produce their own music.	彼ら自身の音楽を作ることができる
□	Some birds make sounds	一部の鳥は音を奏でる

□	that people think are songs,	人間が音楽だと思っているような
□	but researchers say	しかし研究者は〜と言っている
□	that these sounds are not actually music.	これらの音は実際には音楽ではない
□	They are not as complex as music.	これらの音は音楽と言えるほど複雑ではない。
□	On the other hand,	一方で、
□	a kind of whale creates sounds	クジラの一種は音を奏でる。
□	that have structures	構造を持った
□	like those of human songs.	人間の歌に似た
□	Parts of the songs are repeated,	そうした曲の一部はくり返される
□	and the whales even use similar sounds	そしてクジラは似たような音を使ってさえいる。
□	in each part of the song,	曲の各部分に
□	so they are like human language	なのでそれらは人間の言葉のようである。
□	in some ways.	いくつかの点において
□	Some research also proves	いくつかの研究は〜を証明している
□	that music made by humans	人間によって作られた音楽
□	can affect the behavior of animals.	動物の行動に影響を与える
□	A university in Scotland had dogs listen to music	スコットランドの大学は、犬に音楽を聞かせた
□	and discovered	そして〜を発見した
□	that many of them responded well	犬たちの多くがよく反応すること
□	to certain types, like rock.	ある種の音楽、例えばロックに
□	The researchers even noted	研究者は〜にさえ気がついた

□	that each dog had different reactions	それぞれの犬が違った反応を示したため
□	to each type of music,	音楽の種類ごとに
□	so it is possible	だから可能性があるのだ
□	that each dog has its own favorite music.	犬にも彼らのお気に入りの音楽があるということ

5分間の音読回数を、52ページの「アルゴリズム音読記録表」に記録してください。これで第7ラウンド3日目が終了、このラウンドのアルゴリズムも75パーセントまで到達しました。明日はこのラウンドの仕上げです。

4日目	5分音読	1回目	月　日 実施	記入しましょう!

第7ラウンドも最終日です！　1回目の音読は昨日と同じトレーニングです。

▶ 5分音読C　追っかけ音読（シャドーイング）　2回目

※詳しい方法は39ページを参照

音声を追いかけて、次の文章を音読しましょう。それが難しい場合には、再生速度を調整してみましょう。

5分間で目標とする音読回数	現在の英語力レベル	
1.5回	英検4級以下	TOEIC　～200点
2回	英検3級	TOEIC 200～400点
2.5回	英検準2級	TOEIC 400～600点

再生速度の目安
0.75倍

追っかけ音読2回目の今日は、英文ストックに意識を置き、一字一句見逃すことなく音読することに努めましょう。

Animals and Music

Many people believe that music is something that only humans can make and understand. However, scientists have discovered that there are some animals that produce their own music.

Some birds make sounds that people think are songs, but researchers say that these sounds are not actually music. They are not as complex as music. On the other hand, a kind of whale creates sounds that have structures like those of human songs. Parts of the songs are repeated, and the whales even use similar sounds in each part of the song, so they are like human language in some ways.

Some research also proves that music made by humans can affect the behavior of animals. A university in Scotland had dogs listen to music and discovered that many of them responded well to certain types, like rock. The researchers even noted that each dog had different reactions to each type of music, so it is possible that each dog has its own favorite music.

5分間の音読回数を、52ページの「アルゴリズム音読記録表」に記録してください。ここで休憩を取りましょう。

▶10〜20分休憩　タイマーのセットを忘れずに！

この間、次ページの**オプションコンテンツ4　ディクテーション**で、英文ストックにもれがないか、また、リエゾンなどの音の変化を再度確認してみましょう。

4日目　休憩時間のオプションコンテンツ

▶ オプションコンテンツ4　ディクテーション

取り組み　音声を聞いて、英文中の空欄に入る単語を埋めてみましょう。

もしスペル（つづり）が分からない場合、適当なスペルでもカタカナでもよいので書いてみましょう。

音声を止めずに進めてください。書いている間にどんどん進んでいってしまうので、自分にしか読めないような走り書きでもOKです。難しい場合は、再生速度を調整するなどしてみましょう。

慣れてくると、「ここに動詞が入るはずだ」、「前置詞が入るのでは？」、「この後ろに目的語が足りないな」などという語順感覚がつかめてきて、自然と次に来る要素が分かるようになります。

1度ですべて書き取れなかった場合は何度かチャレンジしてみましょう。最終的に書き取れなかった単語があれば、その語だけでなくその語を含む1文を何度も音読してみましょう。

Animals and Music

Many people believe (   ) music is something that only humans can make and understand. However, scientists have (   ) that there are some animals that produce their (   ) music.

Some birds make sounds that people think are songs, but researchers (   ) that these sounds are not actually music. They are not as complex (   ) music. On the other hand, a kind of whale creates sounds (   ) have structures like those of human songs. Parts of the songs (   ) repeated, and the whales even use similar sounds in each part of the song, so they are (   ) human language in some ways.

Some research also proves that music made (   ) humans can affect the behavior of animals. A university in Scotland had dogs listen to music and discovered that many of them responded well to (   ) types, like rock. The researchers even (   ) that each dog had different reactions to each type of music, so it is (   ) that each dog has its own favorite music.

▶ 5分音読 D2 瞬訳音読（日本語から英語への瞬間英作文） 1回目

※詳しい方法は41ページを参照

ページの左側（英語）を手で隠し、日本語を見て英語に訳していきましょう。

5分間で目標とする音読回数	現在の英語力レベル	
0.5回	英検４級以下	TOEIC ～200点
1回	英検３級	TOEIC 200～400点
1.5回	英検準２級	TOEIC 400～600点

□ Animals and Music	動物と音楽
□ Many people believe	多くの人は～を信じている。
□ that music is something	音楽はあるものだ
□ that only humans can make and understand.	人間だけが奏でることができ、理解することができる
□ However,	しかし、
□ scientists have discovered	科学者は～を発見した
□ that there are some animals	ある動物がいるということ
□ that produce their own music.	彼ら自身の音楽を作ることができる
□ Some birds make sounds	一部の鳥は音を奏でる
□ that people think are songs,	人間が音楽だと思っているような
□ but researchers say	しかし研究者は～と言っている
□ that these sounds are not actually music.	これらの音は実際には音楽ではない
□ They are not as complex as music.	これらの音は音楽と言えるほど複雑ではない。

□	On the other hand,	一方で、
□	a kind of whale creates sounds	クジラの一種は音を奏でる。
□	that have structures	構造を持った
□	like those of human songs.	人間の歌に似た
□	Parts of the songs are repeated,	そうした曲の一部はくり返される
□	and the whales even use similar sounds	そしてクジラは似たような音を使ってさえいる。
□	in each part of the song,	曲の各部分に
□	so they are like human language	なのでそれらは人間の言葉のようである。
□	in some ways.	いくつかの点において
□	Some research also proves	いくつかの研究は〜を証明している
□	that music made by humans	人間によって作られた音楽
□	can affect the behavior of animals.	動物の行動に影響を与える
□	A university in Scotland had dogs listen to music	スコットランドの大学は、犬に音楽を聞かせた
□	and discovered	そして〜を発見した
□	that many of them responded well	犬たちの多くがよく反応すること
□	to certain types, like rock.	ある種の音楽、例えばロックに
□	The researchers even noted	研究者は〜にさえ気がついた
□	that each dog had different reactions	それぞれの犬が違った反応を示したため
□	to each type of music,	音楽の種類ごとに
□	so it is possible	だから可能性があるのだ
□	that each dog has its own favorite music.	犬にも彼らのお気に入りの音楽があるということ

５分間の音読回数を、52ページの「アルゴリズム音読記録表」に記録してください。これで第７ラウンド終了です。大変お疲れさまでした。明日からはいよいよ最終、第８ラウンドです。新しい英文を音読していきますので、気持ちをリフレッシュして取り組んでください！

第8ラウンド

When Should You Learn a Second Language?

を音読しよう！

1日目	5分音読	1回目	月　日 実施	記入しましょう!

▶ 5分音読A　まねして音読（リピーティング）　1回目

※詳しい方法は30ページを参照

音声に続いて、発音に注意しながら次の文章を音読しましょう。

5分間で目標とする音読回数	現在の英語力レベル	
1回	英検4級以下	TOEIC　～200点
1.5回	英検3級	TOEIC 200～400点
2回	英検準2級	TOEIC 400～600点

When Should You Learn a Second Language?

Many adults ❶want to study a second language. It is commonly ❷believed that it is better to learn a second language when you are a child. When a ❸mother and father come to a new country as adults, their children appear to learn the native language well—usually to a native level, while the adults ❹will still have their first language's influence.

However, researchers have found out that this is ❺not true. One researcher discovered that adults were not only faster at learning a new language than children, but did better in language tests too. It is believed that because adults already know one language well—their "❻first language"—it is easier for them to understand a new language.

So, why do most children seem to learn second languages better? The ❼reason is simpler than many people think. It is because most adults do not have ❽the time to learn a new language, while children must spend each day learning in the language at school in their new country.

番号と下線のついた箇所は特に発音に注意すべきポイントです。次の説明に従って音読しましょう。

❶ want to

「ウォント」「トゥ」ではなく、want [wánt] の t と、to [tuː] の t が重なり、「ウォントゥ」という発音になります。

❷ believed

「ビリーブド」と発音しがちですが、b と v の発音は異なります。believe の b は上唇と下唇を閉じたところから発音します（日本語の「ビ」に近い音です）。v「ヴ」は、上の歯を下唇に当てるようにして、濁らせた音を出してください。また、believed の d は do ではないので、日本語の「ド」ではなく、母音の o をできるだけ発音しないようにしましょう。「ビリーヴド」ではなく「ビリーヴd」というイメージです。

❸ mother and father

mother [mʌ́ðər] と father [fáːðər] の th の音は「ザ」と発音しがちですが、th [ð] は上と下の前歯の間を少し空け、その間を舌の先で軽く触れるようにしながら濁った音を出します。2回連続して th [ð] の音が出てくるパートなので、しっかり意識して発音しましょう。

❹ will still

will [wíl] と still [stíl] の l [l] は日本語のラリルレロとは少し異なり、舌の先を上の歯の付け根にしっかりとくっつけて発音します。2回連続して l [l] の音が出てくるパートなので、しっかり意識して発音しましょう。

❺ not true

「ノット」「トゥルー」ではなく、not [nɑt] の t と、true [trúː] の t が重なります。また、true の r は「ル」と発音しがちですが、口の中で舌をどこにも触れさせずに発音します。「ノットゥルー」という発音になります。

❻ first

first [fə́rːst] の f は上の歯を下唇に軽く当て、濁らない音「フ」と発音します。

❼ reason

reason [ríːzn] の r の部分は、口の中で舌をどこにも触れさせずに発音します。また、r から始まる単語を発音する場合、少し口をすぼめて発音し始めると、英語らしい発音となります。「ゥリーズン」という感じで発音してみましょう。

❽ the

the [ð] は「ザ」と発音しがちですが、th [ð] は上と下の前歯の間を少し空け、その間を舌の先で軽く触れるようにしながら濁った音を出します。

5分間の音読回数を、52ページの「アルゴリズム音読記録表」に記録してください。ここで休憩を取りましょう。

▶10～20分休憩　タイマーのセットを忘れずに！

この間、次の**オプションコンテンツ1A　英文全訳とフレーズ対応訳**で、文章全体の流れと意味を把握しましょう。その次に**オプションコンテンツ1B　単熟語リスト**で、意味の分からない語彙をしっかり押さえておきましょう。

1日目　休憩時間のオプションコンテンツ

オプションコンテンツに取り組むと「アルゴリズム音読」のパワーが最大限に発揮されます。頭に英文をどんどんストックしていきましょう。

▶ オプションコンテンツ1A　英文全訳とフレーズ対応訳

取り組み　音読した英文全体の意味を確認し、自分の理解と異なる箇所についてはフレーズ対応訳で見直しておきましょう。

全訳

いつ第二言語を学ぶべきか

多くの成人が第二言語を学びたがっています。一般的には、子どもの頃に第二言語を習得する方がよいと信じられています。大人が父母の立場で新しい国に来ると、彼らの子どもが通常、その国の言語をネイティブのレベルにまでうまく身につけるように見える一方で、大人はなお自分たちの第一言語の影響を受けてしまいます。

しかし、研究者はこれが事実ではないことを発見しました。ある研究者の発見によると、大人は新しい言語を子どもよりも早く習得するだけでなく、語学の試験でもよりよい結果を出すというのです。大人はすでに1つの言語、つまり自分たちの第一言語を熟知しているので、彼らにとって新しい言語を理解するのはより簡単なことだと考えられます。

それならば、なぜ子どもの大半が、第二言語をよりよく習得するように見えるのでしょうか。理由は多くの人が思っているよりも、もっと単純です。それは、たいていの大人に新しい言語を習得するための時間がない一方で、子どもは新しい国の学校で毎日を新しい言語での学習に割いているからです。

フレーズ対応訳

□	When Should You Learn A Second Language?	いつ第二言語を学ぶべきか
□	Many adults want to study a second language.	多くの成人は第二言語を学びたがっています。
□	It is commonly believed	一般的には、～と信じられています。
□	that it is better	～の方がよい
□	to learn a second language	第二言語を習得すること
□	when you are a child.	子どもの頃に
□	When a mother and father come to a new country	母親と父親が新しい国に来ると、

□	as adults,	大人として
□	their children appear to learn the native language well	彼らの子どもがその国の言語をうまく身につけるように見える
□	—usually to a native level,	通常、ネイティブレベルにまで
□	while the adults will still have their first language's influence.	一方で、大人はなお彼らの第一言語の影響を受けてしまいます。
□	However,	しかし、
□	researchers have found out	研究者は～を発見しました。
□	that this is not true.	これが事実ではないことを
□	One researcher discovered	ある研究者は～に気づきました。
□	that adults were not only faster	大人はより早いだけでなく
□	at learning a new language	新しい言語を習得するのが
□	than children,	子どもよりも
□	but did better in language tests too.	また語学の試験でもよりよい結果を出す
□	It is believed	～と考えられています。
□	that because adults already know one language well	大人はすでに1つの言語をよく知っているので
□	—their "first language"	つまり、彼らの第一言語
□	—it is easier for them	彼らにとってより簡単なことです。
□	to understand a new language.	新しい言語を理解することが
□	So, why do most children	それならば、なぜ子どもの大半が、
□	seem to learn second languages better?	第二言語をよりよく習得するように見えるのでしょうか。
□	The reason is simpler	理由はもっと単純です。
□	than many people think.	多くの人が思っているよりも

□	It is because	それは〜だからです。
□	most adults do not have the time	たいていの大人には時間がない
□	to learn a new language,	新しい言語を習得するための
□	while children must spend each day learning	一方で、子どもは毎日を学ぶことに割いている
□	in the language	言語で
□	at school in their new country.	新しい国の学校で

▶ オプションコンテンツ1B 単熟語リスト

音読していて意味が分からなかったり、あやふやだったりした単語を、ここで確認しておきましょう。これらの単語を頭に入れると、さらに音読の効果が高まります。

□	second language	名 第二言語
□	commonly	副 一般に
□	adult	名 大人
□	appear	動 (〜に)見える
□	native language	名 母語
□	influence	名 影響
□	discover	動 発見する
□	simpler	形 (simple の比較級)より単純な
□	while	接 ところが、一方

1日目	5分音読	2回目	月	日 実施	記入しましょう!

▶ 5分音読 B　見上げて音読（リード・アンド・ルックアップ）

1回目

※詳しい方法は36ページを参照

ここでは音声を聞きません。スラッシュで区切られたフレーズごとに英文を見て頭に入れます。その後、英文から目を離し、天井などを見上げながらフレーズを口から出しましょう。本からいったん目を離してルックアップする（見上げる）のがポイントで、このとき英文が脳内に格納されていきます。

5分間で目標とする音読回数	現在の英語力レベル	
0.5回	英検4級以下	TOEIC　～200点
1回	英検3級	TOEIC 200～400点
1.5回	英検準2級	TOEIC 400～600点

When Should You Learn a Second Language?

Many adults want to study a second language. // It is commonly believed / that it is better / to learn a second language / when you are a child. // When a mother and father come to a new country / as adults, / their children appear to learn the native language well / —usually to a native level, / while the adults will still have their first language's influence. //

However, / researchers have found out / that this is not true. // One researcher discovered / that adults were not only faster / at learning a new language / than children, / but did better in language tests too. // It is believed / that because adults already know one language well / —their "first language" / —it is easier for them / to understand a new language. //

So, why do most children / seem to learn second languages better? // The reason is simpler / than many people think. // It is because / most adults do not have the time / to learn a new language, / while children must spend each day learning / in the language / at school in their new country. //

5分間の音読回数を、52ページの「アルゴリズム音読記録表」に記録してください。これで第8ラウンド1日目の終了です。お疲れさまでした。また明日、10分間の「アルゴリズム音読」で、英語のスキルを伸ばしていきましょう。

2日目	5分音読	1回目	月	日 実施	記入しましょう!

1日目と同じトレーニングですが、2日目なので音読できる回数が増えているかもしれませんね。

▶ 5分音読A まねして音読(リピーティング) 2回目

※詳しい方法は30ページを参照

音声に続いて、発音に注意しながら次の文章を音読しましょう。

5分間で目標とする音読回数	現在の英語力レベル	
1回	英検4級以下	TOEIC ～200点
1.5回	英検3級	TOEIC 200～400点
2回	英検準2級	TOEIC 400～600点

When Should You Learn A Second Language?

Many adults ❶want to study a second language. It is commonly ❷believed that it is better to learn a second language when you are a child. When a ❸mother and father come to a new country as adults, their children appear to learn the native language well—usually to a native level, while the adults ❹will still have their first language's influence.

However, researchers have found out that this is ❺not true. One researcher discovered that adults were not only faster at learning a new language than children, but did better in language tests too. It is believed that because adults already know one language well—their "❻first language"—it is easier for them to understand a new language.

So, why do most children seem to learn second languages better? The ❼reason is simpler than many people think. It is because most adults do not have ⑧the time to learn a new language, while children must spend each day learning in the language at school in their new country.

番号と下線のついた箇所は特に発音に注意すべきポイントです。次の説明に従って音読しましょう。

❶ want to

「ウォント」「トゥ」ではなく、want [wánt] の t と、to [tu:] の t が重なり、「ウォントゥ」という発音になります。

❷ believed

「ビリーブド」と発音しがちですが、b と v の発音は異なります。believe の b は上唇と下唇を閉じたところから発音します（日本語の「ビ」に近い音です）。v「ヴ」は、上の歯を下唇に当てるようにして、濁らせた音を出してください。また、believed の d は do ではないので、日本語の「ド」ではなく、母音の o をできるだけ発音しないようにしましょう。「ビリーヴド」ではなく「ビリーヴd」というイメージです。

❸ mother and father

mother [mʌ́ðər] と father [fɑ́:ðər] の th の音は「ザ」と発音しがちですが、th [ð] は上と下の前歯の間を少し空け、その間を舌の先で軽く触れるようにしながら濁った音を出します。2回連続して th [ð] の音が出てくるパートなので、しっかり意識して発音しましょう。

❹ will still

will [wíl] と still [stíl] の l [l] は日本語のラリルレロとは少し異なり、舌の先を上の歯の付け根にしっかりとくっつけて発音します。2回連続して l [l] の音が出てくるパートなので、しっかり意識して発音しましょう。

❺ not true

「ノット」「トゥルー」ではなく、not [nɑt] の t と、true [trú:] の t が重なります。また、true の r は「ル」と発音しがちですが、口の中で舌をどこにも触れさせずに発音します。「ノットゥルー」という発音になります。

❻ first

first [fə́r:st] の f は上の歯を下唇に軽く当て、濁らない音「フ」と発音します。

❼ reason

reason [ríːzn] の r の部分は、口の中で舌をどこにも触れさせずに発音します。また、r から始まる単語を発音する場合、少し口をすぼめて発音し始めると、英語らしい発音となります。「ゥリーズン」という感じで発音してみましょう。

❽ the

the [ð] は「ザ」と発音しがちですが、th [ð] は上と下の前歯の間を少し空け、その間を舌の先で軽く触れるようにしながら濁った音を出します。

5分間の音読回数を、52ページの「アルゴリズム音読記録表」に記録してください。1日目と比べて、伸びを実感してみましょう。ここで休憩を取りましょう。

▶ 10～20分休憩　タイマーのセットを忘れずに！

この間、次の**オプションコンテンツ2　文構造・文法解説**で、文法に意識を向けながらカタマリごとの意味をしっかり押さえておきましょう。

2日目　休憩時間のオプションコンテンツ

▶ オプションコンテンツ2　文構造・文法解説

取り組み　文法解説は本書で扱う中心的な内容ではありません。しかし、「英語の文構造を意識した語順感覚」を身につけるにあたり、文構造や文法に意識を向けるために簡単に解説しています。英文中の表現が気になったら、文法書などで調べてみましょう。

When Should You Learn a Second Language?

Many adults **want to study** a second language. It is commonly believed that **it is better to** learn a second language when you are a child. When a mother and father come to a new country **as** adults, their children **appear to** learn the native language well—usually to a native level, **while** the adults will still have their first language's influence.

It is ～ to ...「…するのが～だ」

as「～として」

appear to ～「(～に) 見える；(～と) 思われる」

while「一方」

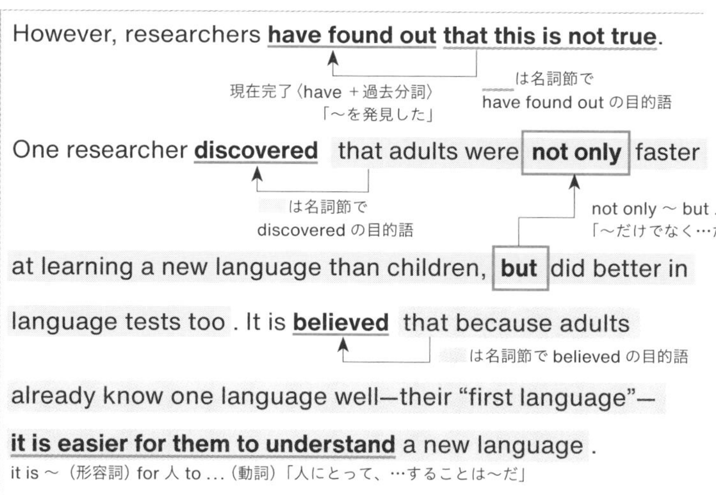

However, researchers **have found out that this is not true**.

現在完了〈have ＋過去分詞〉「～を発見した」

＿＿は名詞節で have found out の目的語

One researcher **discovered** that adults were **not only** faster at learning a new language than children, **but** did better in language tests too. It is **believed** that because adults already know one language well—their "first language"—**it is easier for them to understand** a new language.

＿＿は名詞節で discovered の目的語

not only ～ but ...「～だけでなく…だ」

＿＿は名詞節で believed の目的語

it is ～（形容詞）for 人 to ...（動詞）「人にとって、…することは～だ」

So, why do most children **seem to learn** second languages

seem to ～「～するようだ」

better? The reason is **simpler than** many people think.

比較級 simpler than ～「～より単純だ」

It is because most adults do not have the **time to learn a**

it is because ～「それは～だからだ」

不定詞「～するための」

new language, while children must **spend each day learning**

spend ～ Ving「V することに～（時間・お金）を費やす」

in the language at school in their new country.

2日目	5分音読	2回目	月　　日 実施	記入しましょう！

▶ 5分音読B　見上げて音読（リード・アンド・ルックアップ）

※詳しい方法は36ページを参照

ここでは音声を聞きません。スラッシュで区切られたフレーズごとに英文を見て頭に入れます。その後、英文から目を離し、天井などを見上げながらフレーズを口から出しましょう。本からいったん目を離してルックアップする（見上げる）のがポイントで、このとき英文が脳内に格納されていきます。

2回目の今日は、**オプションコンテンツ２　文構造・文法解説**に記した文構造や文法を意識すると、より効果が高まります。

5分間で目標とする音読回数	現在の英語力レベル	
0.5回	英検４級以下	TOEIC 　　～200点
1回	英検３級	TOEIC 200～400点
1.5回	英検準２級	TOEIC 400～600点

When Should You Learn a Second Language?

Many adults want to study a second language. // It is commonly believed / that it is better / to learn a second language / when you are a child. // When a mother and father come to a new country / as adults, / their children appear to learn the native language well / —usually to a native level, / while the adults will still have their first language's influence. //

However, / researchers have found out / that this is not true. // One researcher discovered / that adults were not only faster / at learning a new language / than children, / but did better in language tests too. // It is believed / that because adults already know one language well / —their "first language" / —it is easier for them / to understand a new language. //

So, why do most children / seem to learn second languages better? // The reason is simpler / than many people think. // It is because / most adults do not have the time / to learn a new language, / while children must spend each day learning / in the language / at school in their new country. //

5分間の音読回数を、52ページの「アルゴリズム音読記録表」に記録してください。これで第8ラウンド2日目の終了です。同じ英文をくり返し読むことで、英文が頭に入ってきているはずです。明日も「アルゴリズム音読」を続けましょう。

3日目	5分音読	1回目	月　日 実施 記入しましょう!

今日は、1、2日目とは異なるトレーニングを行います。英語音声を止めることなく、追いかけるように次の文章を音読しましょう。それが難しい場合は、再生速度を調整してみましょう。

▶ 5分音読 C　追っかけ音読（シャドーイング）

※詳しい方法は39ページを参照

5分間で目標とする音読回数	現在の英語力レベル	
1.5回	英検４級以下	TOEIC　～200点
2回	英検３級	TOEIC 200～400点
2.5回	英検準２級	TOEIC 400～600点

再生速度の目安
0.5倍

追っかけ音読1回目の今日は発音に意識を置き、聞こえてくる音声をできるだけ再現しながら音読することに努めましょう。

When Should You Learn a Second Language?

Many adults want to study a second language. It is commonly believed that it is better to learn a second language when you are a child. When a mother and father come to a new country as adults, their children appear to learn the native language well—usually to a native level, while the adults will still have their first language's influence.

However, researchers have found out that this is not true. One researcher discovered that adults were not only faster at learning a new language than children, but did better in language tests too. It is believed that because adults already know one language well—their "first language"—it is easier for them to understand a new language.

So, why do most children seem to learn second languages better? The reason is simpler than many people think. It is because most adults do not have the time to learn a new language, while children must spend each day learning in the language at school in their new country.

5分間の音読回数を、52ページの「アルゴリズム音読記録表」に記録してください。ここで休憩を取りましょう。

▶**10～20分休憩　タイマーのセットを忘れずに！**

この間、次ページの**オプションコンテンツ3　単語ストック**で、単語力を鍛えましょう。

▶ オプションコンテンツ3 単語ストック

取り組み 1日目の**オプションコンテンツ1B 単熟語リスト**に出てきた単語を、今日は英文の中で覚えましょう。丸暗記ではなく、5分音読A「まねして音読」、B「見上げて音読」、D「瞬訳音読」の各パターンを実践すると、自然と頭に格納されていきます。

□	Seventy percent of people in the UK cannot speak a second language.	イギリス人の70パーセントは第二言語を話せません。
□	The singer is commonly popular in Japan.	その歌手は日本では一般的に人気があります。
□	It's easier to teach children than adults.	子どもにものを教えるのは、大人に教えるよりも容易です。
□	Tom appears to be sleeping.	トムは眠っているようです。
□	What's your native language?	あなたの母語は何ですか。
□	The influence of TV on society is great.	テレビが社会に与える影響は大きい。
□	I discovered the truth.	私は真実を見いだしました。
□	Everything was simpler in those days.	あの頃は何もかもがもっと単純でした。
□	English has only one type of alphabet, while Japanese has three.	英語には1種類の文字しかありませんが、日本語には3種類あります。

それぞれの音読をしたら□にチェックマークを入れましょう。

□**音読 A**	まねして音読（リピーティング）
□**音読 B**	見上げて音読（リード・アンド・ルックアップ）
□**音読 D1**	瞬訳音読（英語から日本語への瞬間和訳）
□**音読 D2**	瞬訳音読（日本語から英語への瞬間英作文）

3日目	5分音読	2回目	月　日 実施	記入しましょう!

▶ 5分音読 D1 瞬訳音読（英語から日本語への瞬間和訳） 1回目

※詳しい方法は41ページを参照

表の右側（日本語）を手で隠し、英語を見て日本語に訳していきましょう。

5分間で目標とする音読回数	現在の英語力レベル	
0.5回	英検４級以下	TOEIC　　～200点
1回	英検３級	TOEIC 200～400点
1.5回	英検準２級	TOEIC 400～600点

□ When Should You Learn A Second Language?	いつ第二言語を学ぶべきか
□ Many adults want to study a second language.	多くの成人は第二言語を学びたがっています。
□ It is commonly believed	一般的には、～と信じられています。
□ that it is better	～の方がよい
□ to learn a second language	第二言語を習得すること
□ when you are a child.	子どもの頃に
□ When a mother and father come to a new country	母親と父親が新しい国に来ると、
□ as adults,	大人として
□ their children appear to learn the native language well	彼らの子どもがその国の言語をうまく身につけるように見える
□ —usually to a native level,	通常、ネイティブレベルにまで
□ while the adults will still have their first language's influence.	一方で、大人はなお彼らの第一言語の影響を受けてしまいます。
□ However,	しかし、

□	researchers have found out	研究者は〜を発見しました。
□	that this is not true.	これが事実ではないことを
□	One researcher discovered	ある研究者は〜に気づきました。
□	that adults were not only faster	大人はより早いだけでなく
□	at learning a new language	新しい言語を習得するのが
□	than children,	子どもよりも
□	but did better in language tests too.	また語学の試験でもよりよい結果を出す
□	It is believed	〜と考えられています。
□	that because adults already know one language well	大人はすでに1つの言語をよく知っているからです
□	—their “first language”	つまり、彼らの第一言語
□	—it is easier for them	彼らにとってより簡単なことです。
□	to understand a new language.	新しい言語を理解することが
□	So, why do most children	それならば、なぜ子どもの大半が、
□	seem to learn second languages better?	第二言語をよりよく習得するように見えるのでしょうか。
□	The reason is simpler	理由はもっと単純です。
□	than many people think.	多くの人が思っているよりも
□	It is because	それは〜だからです。
□	most adults do not have the time	たいていの大人には時間がない
□	to learn a new language,	新しい言語を習得するための
□	while children must spend each day learning	一方で、子どもは毎日を学ぶことに割いている
□	in the language	言語で
□	at school in their new country.	新しい国の学校で

5分間の音読回数を、52ページの「アルゴリズム音読記録表」に記録してください。これで第8ラウンド3日目が終了、最終ラウンドのアルゴリズムも75パーセントまで到達しました。明日はこのラウンドの仕上げであり、本書のトレーニングの仕上げです。張り切っていきましょう！

4日目	5分音読	1回目	月 日 実施 記入しましょう！

第8ラウンドも最終日です！ 1回目の音読は昨日と同じトレーニングです。

▶ 5分音読C 追っかけ音読（シャドーイング） 2回目

※詳しい方法は39ページを参照

音声を追いかけて、次の文章を音読しましょう。それが難しい場合には、再生速度を調整してみましょう。

5分間で目標とする音読回数	現在の英語力レベル	
1.5回	英検4級以下	TOEIC ～200点
2回	英検3級	TOEIC 200～400点
2.5回	英検準2級	TOEIC 400～600点

再生速度の目安
0.75倍

追っかけ音読2回目の今日は、英文ストックに意識を置き、一字一句見逃すことなく音読することに努めましょう。

When Should You Learn a Second Language?

Many adults want to study a second language. It is commonly believed that it is better to learn a second language when you are a child. When a mother and father come to a new country as adults, their children appear to learn the native language well—usually to a native level, while the adults will still have their first language's influence.

However, researchers have found out that this is not true. One researcher discovered that adults were not only faster at learning a new language than children, but did better in language tests too. It is believed that because adults already know one language well—their "first language"—it is easier for them to understand a new language.

So, why do most children seem to learn second languages better? The reason is simpler than many people think. It is because most adults do not have the time to learn a new language, while children must spend each day learning in the language at school in their new country.

5分間の音読回数を、52ページの「アルゴリズム音読記録表」に記録してください。ここで休憩を取りましょう。

▶10～20分休憩　タイマーのセットを忘れずに！

この間、次ページの**オプションコンテンツ4　ディクテーション**で、英文ストックにもれがないか、また、リエゾンなどの音の変化を再度確認してみましょう。

4日目　休憩時間のオプションコンテンツ

▶ オプションコンテンツ4　ディクテーション

取り組み　音声を聞いて、英文中の空欄に入る単語を埋めてみましょう。

もしスペル（つづり）が分からない場合、適当なスペルでもカタカナでもよいので書いてみましょう。

音声を止めずに進めてください。書いている間にどんどん進んでいってしまうので、自分にしか読めないような走り書きでもOKです。難しい場合は、再生速度を調整するなどしてみましょう。

慣れてくると、「ここに動詞が入るはずだ」、「前置詞が入るのでは？」、「この後ろに目的語が足りないな」などという語順感覚がつかめてきて、自然と次に来る要素が分かるようになります。

1度ですべて書き取れなかった場合は何度かチャレンジしてみましょう。最終的に書き取れなかった単語があれば、その語だけでなくその語を含む1文を何度も音読してみましょう。

When Should You Learn a Second Language?

Many adults (   ) to study a second language. It is commonly believed that it is (   ) to learn a second language when you are a child. When a mother (   ) father come to a new country as adults, their children (   ) to learn the native language well—usually to a native level, while the adults (   ) still have their first language's influence.

However, researchers have found out that this is not (   ). One researcher discovered that adults were not (   ) faster at learning a new language than children, but did better in language tests too. It is believed that because adults already (   ) one language well—their "first language"—it is easier for them to understand a new language.

So, why do most children (   ) to learn second languages better? The (   ) is simpler than many people think. It is because most adults do not have the time to learn a new language, while children must (   ) each day learning in the language at school in their new country.

4日目	5分音読	2回目	月　　日 実施　記入しましょう!

▶ 5分音読 D2 瞬訳音読(日本語から英語への瞬間英作文) 1回目

※詳しい方法は41ページを参照

ページの左側（英語）を手で隠し、日本語を見て英語に訳していきましょう。

5分間で目標とする音読回数	現在の英語力レベル	
0.5回	英検4級以下	TOEIC　～200点
1回	英検3級	TOEIC 200～400点
1.5回	英検準2級	TOEIC 400～600点

□ When Should You Learn A Second Language?	いつ第二言語を学ぶべきか
□ Many adults want to study a second language.	多くの成人は第二言語を学びたがっています。
□ It is commonly believed	一般的には、～と信じられています。
□ that it is better	～の方がよい
□ to learn a second language	第二言語を習得すること
□ when you are a child.	子どもの頃に
□ When a mother and father come to a new country	母親と父親が新しい国に来ると、
□ as adults,	大人として
□ their children appear to learn the native language well	彼らの子どもがその国の言語をうまく身につけるように見える
□ —usually to a native level,	通常、ネイティブレベルにまで
□ while the adults will still have their first language's influence.	一方で、大人はなお彼らの第一言語の影響を受けてしまいます。
□ However,	しかし、

□	researchers have found out	研究者は～を発見しました。
□	that this is not true.	これが事実ではないことを
□	One researcher discovered	ある研究者は～に気づきました。
□	that adults were not only faster	大人はより早いだけでなく
□	at learning a new language	新しい言語を習得するのが
□	than children,	子どもよりも
□	but did better in language tests too.	また語学の試験でもよりよい結果を出す
□	It is believed	～と考えられています。
□	that because adults already know one language well	大人はすでに1つの言語をよく知っているからです
□	—their "first language"	つまり、彼らの第一言語
□	—it is easier for them	彼らにとってより簡単なことです。
□	to understand a new language.	新しい言語を理解することが
□	So, why do most children	それならば、なぜ子どもの大半が、
□	seem to learn second languages better?	第二言語をよりよく習得するように見えるのでしょうか。
□	The reason is simpler	理由はもっと単純です。
□	than many people think.	多くの人が思っているよりも
□	It is because	それは～だからです。
□	most adults do not have the time	たいていの大人には時間がない
□	to learn a new language,	新しい言語を習得するための
□	while children must spend each day learning	一方で、子どもは毎日を学ぶことに割いている
□	in the language	言語で
□	at school in their new country.	新しい国の学校で

５分間の音読回数を、52ページの「アルゴリズム音読記録表」に記録してください。これで第８ラウンド終了です。大変お疲れさまでした。

これですべてのラウンドが終了しました。第1ラウンドの初日と比べて、変化を感じるでしょうか。

「英語をカタマリで理解できるようになった」とか、「英語を英語で理解できるようになった」という感想であれば満点ですが、「やり方が分かるようになった」といった「変化」でも、効果が表れています。

世の中には教材となるさまざまな英文が存在します。選び方についてはこの後の第４章でお伝えします。そうした、よい教材でこのアルゴリズム音読の手順を実践し、引き続きトレーニングに没頭してください。必ず英語力が上がります！

Column 5

アルゴリズム音読 Q and A

Q. 慣れてきたので音読が楽になってきました。5分以上音読をしてもいいですか。

A. もちろんです！　ただし一気に長く音読しすぎると疲れてしまい、次の段階でやる気がなくなってしまう恐れがありますので、気をつけてください。

Q. 10分以上休憩してもいいですか。

A. 学習の時間が取れないのでスキマ時間に音読するという場合や、急な用事が入ったので10分以上休憩せざるを得ないという状況であれば仕方ありません。ただし、エビングハウスの忘却曲線の項でもお伝えしたように、あまり長い休憩時間を取らずに復習する方がよいです。

Q. 「見上げて音読」で英文を頭に入れることに集中してしまい、発音まで気を配れないことが多かったのですが、どうすればいいですか。

A. スマホやICレコーダーなどを使って、自分の音声を録音してみましょう。

Q. もっといろいろな音読に挑戦してみたいと思います。他にも音読のバリエーションがありますか。

A. 暗唱をおすすめします。今回トレーニングに使った英文は150語程度ですので、頑張れば完全に頭に入れることができます。覚えてみましょう。そのコツは、頭の中でストーリーを思い描きながら、英語で音読することです。発音した英文が正しいかどうかを確認するためには、自分の音声を録音することをおすすめします。

Q. 自分の発音が正しいかよく分かりません。

A. 一番よいのはネイティブスピーカーに確認してもらうことですが、スマホの音声入力を使ってみてもよいでしょう。スマホの録音機能を使って自分の声を自分で聞いてみることも効果的です。

Q. アルゴリズム音読はどのような英語資格の取得に効果的ですか。

A. どの英語資格を取得するのにも役に立ちます。資格取得だけでなく、英語力がしっかりアップしますので、実際に使える英語が身につきます。

Q. 大学受験生にも役に立ちますか。

A. もちろん役立ちます。2024年に予定されている教育改革で、4技能を総合的に測ることが求められるようになります。4技能とは、Reading、Listening、Writing、Speakingです。

Q. ライティング能力も上がりますか。

A. はい。上がります。アルゴリズム音読で体に染み込ませた英文のストックは、そのままライティング能力につながります。ただし、音読だけだと英単語のスペルを覚えることができないので、それだけは書いて覚えるなど、別の方法で強化してください。アルゴリズム音読をしっかり行えば、音読とスペルのつながりが見えてくるので、つづりを覚えるのも楽になります。

Q. 単語力を鍛えるにはどうしたらいいですか。

A. まずは英文を音読することで、単語を身につけるようにしましょう。資格試験対策用の単語帳（旺文社編・発行『英検でる順パス単』シリーズや、森一郎著・青春出版社発行『試験にでる英単語』など）を使うことも効果的ですが、あくまで補助的な扱いとしましょう。英文を使って身につけられる単語力を普段の食事とすると、単語帳は健康補助食品のサプリメントです。普段の生活を考えてみてください。食事を抜いてサプリメントだけでは健康に生きられませんよね。樹木に例えれば、「アルゴリズム音読」で幹となる単語を学び、単語帳でその枝葉を伸ばしていくと考えてください。

Column 6

英検準2級ライティング対策

本書で何度も触れている通り、英検に合格するには4技能をバランスよく伸ばす必要があります。ライティングと言われると何を書いたらよいかわからなくなるという方も多いと思いますが、英検準2級のライティングにはセオリーがありますので、ここに対策を明記しておきます。

まずはライティングが採点される際の4つの観点を知っておくことが必要です。

観点(1)　内容…課題で求められている内容（意見とそれに沿った理由2つ）が含まれているかどうか
観点(2)　構成…英文の構成や流れが分かりやすく論理的であるか
観点(3)　語彙…課題にふさわしい語彙を正しく使えているか
観点(4)　文法…文構造のバリエーションやそれらを正しく使えているか

●観点(1)「内容」について

問われたことに関係のない回答をしては点数がもらえないということです。また、関係ある内容になっていても、中身が薄ければ点数が低いということです。また、「私の考えは○○です。その理由は2つあり、AとBです」という構成になっていないといけないということですね。

●観点(2)「構成」について

英語の文章というのは構成を重視します。
基本構成は、

序論 ──→ 本論 ──→ 結論
（課題に対する自分の意見）（理由2つ）（準2級ではなくてもよい）

という3部構成です。この構成をしっかり頭に入れておきましょう。

●観点(3)「語彙」について

どれだけ単語力が身についているかが問われます。ライティングで使う単語は、リーディングやリスニングの問題に出てくる単語に比べて簡単なもので構いません。言いたいことを伝えるための最良の単語が分からなければ、違う単語で言い換えてみるなど、自分の手持ちの単語を正しく使えるということが重視されます。

●観点⑷ 「文法」について

同じようなパターンの羅列にならないように注意しましょう。日本語でも「～です。～です。～です。」と続くと単調な文章になってしまいますよね。難しい文法を使う必要はありません。知っている文法を正しく使いましょう。

英検ライティングの裏技１

少し裏技的な話になりますが、英検のライティングの質問には自分の本当の意見を答えなくてもいいのです。例えば、下記のような問題があるとします。

【QUESTION】
Do you think students should wear uniforms?
学生は制服を着るべきだと思いますか。

自分の意見が、「着るべきだ」であっても、その理由が２つ見つからないのであれば、「着なくてもよい」という回答をしても構わないということです。英語力の試験ですので、本当の意見が求められているわけではありません。

英検ライティングの裏技２

英検準２級のライティングでは、それほど突拍子もない問題は出されません。

英検過去問集や対策問題集、インターネット上にある例題など10個ぐらいのパターンに目を通し、模範解答をしっかりと「アルゴリズム音読」しておけば、コンスタントに高得点を狙えます。模範解答を何度も音読して覚えてしまうという技です。

「アルゴリズム音読」だけではどうしても足りないこと

ライティング対策をする上で、「アルゴリズム音読」ではどうしても足りないことがあります。それは単語のスペル（つづり）を覚えることです。音読だけだと正しいスペルを身につけることができませんので、書いて覚えることをおすすめします。

第4章

本書のトレーニングを終えたあと

さらに英語力を伸ばしたい方へ

ここまで1ヵ月の「アルゴリズム音読」トレーニングを終えた人は、「英語の文構造を意識した語順感覚」が身についてきたことと思います。英語はツールですので、使わなければ英語力はどんどんさびていきます。せっかくここまでトレーニングを実践してきたのですから、さらに上のステージを目指して英語力を高めていきましょう。

では、英語力はどのように伸ばしていけばよいのでしょうか。順を追ってお伝えいたします。

まずは、この1ヵ月続けてきた「アルゴリズム音読」を続けてください。本書に掲載された英文を使って何度もトレーニングしても、あるいは別の教材を使って「アルゴリズム音読」をしてもよいと思います。

別の教材を選ぶ4つの基準

新しく教材を選ぶ場合の基準は以下の通りです。

❶ 難易度：自分の実力より少し下
❷ データ：音声データ付属
❸ 英文：カタマリごとのスラッシュあり
❹ 日本語訳：全訳掲載

❶ 難易度：自分の実力より少し下

あまりレベルの高い英語だと、スムーズに音読ができません。最初にお伝えした通り、中学校レベルの英語でかなり幅広いコミュニケーションを取ることができますし、各種資格試験でもしっかり点数を取ることができます。

自分が英語でつまずいた時のことを思い出してみてください。例えば中学校の1年生から英語が苦手になってしまったのであれば、中学校1年生の時の教科書、高校生になって英語が分からなくなったのであれば、中学3年生か高校1年生の教科書などを使用してみましょう。

今回のトレーニングに使用した英文のレベルは英検３級程度ですが、「アルゴリズム音読」でしっかりとトレーニングを積めば、英検準1級の合格、TOEICテストで800点くらいの取得が可能になります（ただし、単語に関しては別途勉強が必要です）。ですから、まずはやさしいレベルの英語で「アルゴリズム音読」を実践して、しっかりと基礎を固めてください。

❷ データ仕様：音声データ付属

「アルゴリズム音読」を行うには、必ず音声データがなくてはなりません。音声データのない素材を教材にすると、次のような不具合が出てきます。

まず、個々の単語の発音を間違ってしまう可能性があります。そして、英語特有のリズムや、単語と単語の音のつながり（リエゾン）などを確認することができません。そうなると、リスニング力やスピーキング力に大きな影響が出てきます。くり返しますが、必ず音声データが付属している英文を使ってください。

❸ 英文仕様：カタマリごとのスラッシュあり

「アルゴリズム音読」によって「英語の文構造を意識した語順感覚」が身についたら、どこからどこまでが一つのカタマリなのかが自然と見えるようになってきます。それが分かるようになるまでは、カタマリごとに文がスラッシュで区切られているものを選ぶほうがよいでしょう。誤ったカタマリで区切って読んでしまうと、音読のリズムがうまく取れなかったり、意味の習得に時間がかかったりしてしまいます。しばらくの間はスラッシュが入ったものを選ぶほうが無難ですが、残念ながらそのような教材はどこにでもあるというわけではありません。「あればラッキー」ぐらいの感じにしておきましょう。後述のおすすめ教材の一つである学校の教科書や教科書ガイドは、スラッシュが入っていることがあります。

❹ 日本語訳の仕様：全訳掲載

ピンポイントで「発音だけをよくしたい」ということであれば、全訳が載っていない教材でもよいでしょう。ただし、リーディング、リスニング、ライティング、スピーキングの４技能をバランスよく高めるには、「瞬訳音読」

の過程が必須です。可能な限り、全訳が載っている教材を選びましょう。英文にスラッシュが入っており、その対訳がついている形がベストです。一般的に「サイト・トランスレーション」と呼ばれる形式ですが、書籍や有料の教材として提供されるものが多いようです。

おすすめ教材３つ

ここまでの４つの基準を総合して考えてみると、おすすめできる教材として以下の３つが挙げられます。

❶ 中・高の教科書＋教科書ガイド
❷ *ENGLISH JOURNAL*（アルク刊）／『多聴多読マガジン』（コスモピア刊）
❸ 英検の過去問

❶ 中・高の教科書＋教科書ガイド

学校の教科書というのは非常によくできています。各レッスンにほどよく重要な単語、文法が散りばめられています。音声データや全訳は、市販の「教科書ガイド」を購入すれば手に入れることが可能です。スラッシュ入りの本文を提供している教科書ガイドもあります。また、学校の先生が使用しているマニュアルや、教員専用の電子データにはさまざまなパターンで訳された日本語訳が入っています。もし、あなたが中高生なら、学校の先生に頼めば印刷してくれるかもしれません。自らの教員経験から言っても、学校の先生はやる気のある生徒を応援したいものです。

また、教科書には必ず音声データがついています。市販されていない場合でも、学校の先生であれば必ず持っています。最近では、教科書の音声データをダウンロードできるようにしている出版社もあります。中高生でない一般の方なら、Amazonなどで音声CDを購入したり、ダウンロードしたりすることをおすすめします。

教科書のよい点はまだあります。中学校１年生の教科書、高校２年生の教科書と、いろいろなレベルのものを選ぶことができます。手に入りやすさという点もクリアしています。中高生ならもちろん、大人でも学校の教科書を買うことは可能です。教科書はどこの書店でも扱われているわけではありませんが、一般社団法人全国教科書供給協会のウェブサイト（http://www.text-kyoukyuu.or.jp/otoiawase.html）を見れば、どこの書店が教科書を扱っているのかが分かります。ぜひ、お近くの書店に足を運んでみてください。

ところで、中学校の検定英語教科書は2019年現在で6種類（6出版社）あります。その6種類は、どれをとってもレベルにほとんど違いが見られません。一方で、2019年現在、高校の英語教科書は「コミュニケーション英語」と「英語表現」の2つに分かれており、「コミュニケーション英語Ⅰ」だけでも37種類、「英語表現Ⅰ」は43種類あります（「高等学校用教科書目録（平成31年度）」参照）。

ちなみに、「コミュニケーション英語」は「コミュニケーション」とうたっているものの、どちらかというとリーディング系、「英語表現」の方は文法習得を意識した教科書となっています。「アルゴリズム音読」の教材としては、「コミュニケーション英語」の教科書の方が使いやすいです。

中学校レベルの英語が一通り満足できる程度に身についたならば、ぜひ高校英語レベルで「アルゴリズム音読」をやってもらいたいのですが、高校の教科書は種類が多く、選ぶのが難しいかもしれません。

一般的にはあまり知られていないことですが、高校英語の検定教科書は出版社1社につき数種類が出されていて、さまざまなレベルの教科書があります。例えば、三省堂からは、コミュニケーション英語の教科書として、*CROWN*、*MY WAY*、*VISTA*と3種類が出ています。難易度で言うと*CROWN*が一番難しく、*MY WAY*が中間、*VISTA*は中学校の復習レベルからスタートという具合です。

アルゴリズム音読の教材として教科書を使う場合、まずは中学校教科書、次に高校教科書の最高難度ではないもの（三省堂なら*MY WAY*か*VISTA*）、それから高校教科書の最高難度のもの（同じく*CROWN*）という順で選ぶのがよいと思います。

さて、教科書はイチオシの教材ですが、弱点もあります。学校で使うことが前提なので、「道徳的によいとされる内容」がテーマになりがちです。違う言い方をすると、「真面目な内容」ということになります。読んでいて少し面白みに欠けるかもしれません。その場合は、次に挙げる教材がよいと思います。

❷ *ENGLISH JOURNAL*（アルク刊）／『多聴多読マガジン』（コスモピア刊）

どちらも英語の多読トレーニングに役立てられる雑誌です。記事がレベル別に分かれており、大半の記事で英語と日本語が並べて書かれているので、非常に「アルゴリズム音読」しやすい作りです。スラッシュは引かれていないのですが、和訳が記載されており、音声データも活用可能です。

また、アルクはALCOという音声データアプリを提供しているので、*ENGLISH JOURNAL*については、CDプレーヤーなどがなくても、スマートフォンだけで気軽にトレーニングができます。

*ENGLISH JOURNAL*は月刊誌、『多聴多読マガジン』は隔月刊誌です。そのため、タイムリーな内容に触れられるのと、書店などで気軽に手に入れられるという長所もあります。一方では、（隔）月刊誌であるために、一つの英文をしっかりくり返して音読する前に次の号の英文に目移りしてしまい、くり返す回数が足りずに発音練習や英文のストックという目的が達成できなくなってしまう可能性もあります。

ただし、目移りするというのは、本書の目的のうちの一つ「英語が好きになる」を達成したことを意味するのかもしれません。また、この2つの雑誌には、それぞれ独自のおすすめのトレーニング方法が書いてあります。「アルゴリズム音読」を起点として、次にはこれらのトレーニングを試してみるのもよいでしょう。それらが難しいと感じたら、また「アルゴリズム音読」に戻ってくればよいのです。

❸ 英検の過去問

大学受験や就職試験などに備えて英検の特定の級に合格する必要がある人もいるでしょう。安心してください、英検の勉強にも「アルゴリズム音読」は非常に役に立ちます。

まず、英検合格が必要なら、過去問を活用しましょう。英検に限らず何かの試験の合格を目指すなら、その試験の過去問を教材にすることがゴールへの一番の近道です。

英検の過去問はウェブサイトで無料で手に入れることができますが、全訳などは提供されていません。市販の過去問集を購入してください。複数の出版社から発行されており、どの出版社のものも、少なくとも2年×3回の計6回分の過去問を載せていますので、費用対効果は非常に高いと言えます。なお、過去問集なので、どの出版社が出しているものも掲載されている問題の内容は同じですが、全訳や解説が異なります。どれを使うかは好みによりますが、音声データがついているものを選ぶようにしましょう。

さて、目指す級が決まっていたとしても、まずは3級、準2級の過去問を使ってアルゴリズム音読を実践してみることをおすすめいたします。それ以上の級の受験を考えている場合、そこからステップアップすればよいのです。合格戦略を立てる必要がありますが、詳しくは第2章と第3章の間にある「資格対策」のコラムを読み直してください。

英検の受験予定がなくとも、「アルゴリズム音読」の教材として英検の過去問は非常に有効です。その場合、自分が合格している級、またはそれよりも1つ低い級の「リスニング」の過去問を使ってください。英検準2級に合格している場合、準2級か3級のリスニング過去問を「アルゴリズム音読」のトレーニング用に使うということです。これをくり返し行い、どうしてももの足りなく感じるようになってから、次のレベル(2級の問題など)に進みましょう。

とはいえ、必要がなくとも、英検を受けてみるのはおすすめです。英検は級が細かく分かれているので、一度受験してみると自分のレベルがはっきりします。コラムにも書きましたが、モチベーションの維持にもなります。

最後に――教材探しの注意点など

その他、ウェブ上にも多くの教材がありますし、雑誌なども非常によい教材となります。ここに挙げた4つの基準から1つでも外れていたら、教材として使えないというわけではありませんが、4技能をバランスよく伸ばすには、できるだけ基準を多く満たしている教材を探しましょう。

ただし注意したいのは、教材を探すのに時間をかけすぎてしまった結果、実際の「アルゴリズム音読」をする時間が取れなくなることです。これでは本末転倒ですので、ある程度の妥協は必要かもしれません。
　また、本書の「オプションコンテンツ」には、簡単な文法解説を載せています。こうした説明が記されている教材も多いと思います。本書にせよ、別の教材にせよ、「もっと詳しい解説が欲しい」と思ったら、中学生向けの参考書などで調べてみましょう。疑問が解けると実力が1ランク上がりますし、「分かった！」というスッキリ感は、英語学習へのモチベーションをさらに高めます。
　このようにして1日10分の「アルゴリズム音読」を続ければ、必ず「英語の文構造を意識した語順感覚」が身につきます。もちろん、4技能すべてが向上します。その時あなたは、本物の英語の使い手になった自分に気がつくことでしょう！

謝辞

今回この本を執筆するにあたり、IBCパブリッシング代表取締役社長の浦さまには多大なご尽力をいただきました。

また、英文を提供いただだいた朱明奈さま、David Otto さまに感謝申し上げます。

著者　鴨井智士（かもい さとし）

1978年岡山生まれ、大阪育ち
京都工芸繊維大学卒業
大学卒業後、アイテック阪急阪神株式会社にネットワークインフラ関連のエンジニアとして勤務。退職直後にリーマンショックが発生し、再就職が絶望的に。失業中、一念発起して英語学習に取り組み、3ヵ月でTOEICスコア960点を取得。その後、英検1級にも合格。
青森県教員採用試験に一発合格し、県立青森南高等学校の教諭として英語を指導。2010年、内閣府主催「世界青年の船」事業に参加。
教員を退職後、英語学習コンサルタントとして独立するかたわら、フィジー共和国で現地校のエグゼクティブオフィサーとして勤務。帰国後、岡山県の教員採用試験に合格するも辞退し、創志学園高等学校に非常勤講師として勤務。
2019年、北海道へ移住。
現在は2つの会社を経営しながら英語学習コンサルタントとして活動中。
オフィス3104 鴨井智士公式サイト　http://office3104.com/

アルゴリズム音読
英検準2級レベル

2020年8月7日　第1刷発行

著　者　鴨井 智士

発行者　浦 晋亮

発行所　IBCパブリッシング株式会社
〒162-0804 東京都新宿区中里町29番3号 菱秀神楽坂ビル9F
Tel. 03-3513-4511　Fax. 03-3513-4512
www.ibcpub.co.jp

印刷所　株式会社シナノパブリッシングプレス

ISBN978-4-7946-0629-7